단군신화와 한국 고대사

단군신화와 한국 고대사

초판 1쇄 인쇄일   2021년 2월 2일
초판 1쇄 발행일   2021년 2월 9일

지은이   김성배
펴낸이   최길주

펴낸곳   도서출판 BG북갤러리
등록일자   2003년 11월 5일(제318-2003-000130호)
주소   서울시 영등포구 국회대로72길 6, 405호(여의도동, 아크로폴리스)
전화   02)761-7005(代)
팩스   02)761-7995
홈페이지   http://www.bookgallery.co.kr
E-mail   cgjpower@hanmail.net

ISBN 978-89-6495-209-2 03900

단군 신화와 한국 고대사

김성배 지음

BG 북갤러리

서언

    우리에게 전해오고 있는 단군신화는 국민적 의식과 애국의 정신을 고양하기 위해 만들어진 가상의 설화처럼 알려져 있다. 그래서 지금의 우리는 신화를 바탕으로 한 한국의 고대사를 허구라고 인식하고 모든 것을 무시하고 있다. 그러나 이것은 고대 세계사 및 각국에서 전해오는 신화의 역사성에 대한 지식의 부족에서 기인한 것이다.

    전 세계의 신화와 설화 속에는 각국의 고대역사가 이야기 형태로 숨겨져 있다. 그래서 그것을 잘 분석하면 우리가 알 수 없었던 고대사의 흐름을 알아낼 수 있다. 다시 말해서 단군신화도 우리 한민족의 역사와 초기 문명사에 대한 실제적인 내용을 구전을 통해 전달하고 있는 것이다.

이 책에서는 단군신화와 고대설화 속에 담겨진 이야기를 통해 우리 역사의 숨겨진 사실을 밝히고자 한다.

단군신화는 구전을 통한 신화처럼 묘사되어 진실이 아닌 것처럼 후세에게 가르치고 전해지고 있다. 또한 우리 고대사가 삼국시대에서 시작되고 난생설화로 각색되어 우리 대한민국 역사가 마치 중국 문명보다 늦고 그들의 전파에 의해 이루어진 것으로 오인하게 하고 있다. 그리고 그것이 정설인 양 일제 식민사관에 몰입한 역사학자들에 의해 엉터리로 포장되어 진실된 우리의 역사를 알지 못하게 하고 또 알려고 하지 않는 현실로 우리를 비하하게 만들었다. 그 때문에 필자는 대한민국 고대역사에 대한 진실을 찾고자 단군신화의 진실성을 이 책을 통해 밝히려고 한다.

지금은 어느 결엔가 중국이 동북공정을 통해 우리의 역사를 도적질해 가서 마치 자신이 선도 문명인 것처럼 왜곡하고 있다. 그러나 이것은 그동안의 사대 모화사상에 빠진 어리석은 선조들에 의해 이루어진 씻을 수 없는 역사적인 과오이다.

이제 우리는 단군신화에 나온 내용이 신화가 아닌 사실이며, 그 시작은 중국의 황하문명 이전이라는 것을 알아야 한다. 그리고 중국의 거짓된 역사 놀음에 더 이상 속아 넘어가서는 안 되며 우리의 역사를 바로 찾아 후세에게 올바른 역사의식을 심어 주어야 한다.

고대 선조는 우리에게 자신의 뿌리가 어디에서 왔었는지를 신화를 통해 알려주었으나, 우리는 그것을 알지도 알려고 하지도 않는다. 그래서 지금은 '반만년 역사를 가진 민족'이란 말이 마치 허구 속의 빈 말처럼 들리고 있는 것이다.

이제 우리는 어리석은 선조들의 이기심과 모화사상으로 인해 그동안 잊어버리고 감추어졌던 역사를 되찾아야 한다. 그리고 우리의 국조(國祖)가 신화 속에서만 존재하는 허구의 '단군'이 아니고 실존인물 '단군'으로 존재하였다는 것을 찾아내어 우리민족의 정체성을 바로 세워야 한다. 또한 중국의 황하문명과 그것을 합리화시키려는 동북공정도 허구라는 것을 밝혀야 한다. 더불어 우리의 고대사를 마치 자기의 역사처럼 조작하고 당연시하려는 중국에 대하여 당당히 맞서고 바로 잡아야 한다. 특히 동북공정은 우리의 숨겨진 역사이므로 우리의 손으로 발굴하고 역사성을 정립하여 조속히 되찾아야 할 우리의 땅이며 소중한 유산임을 잊어서는 안 된다.

지금 우리가 우리민족의 역사를 바로 찾는 것은 민족의 위상을 바로잡기 위함이다. 다시 말해서 우리민족이 현재 인류문명을 탄생시킨 근원임을 알고 또 한 번 인류문명의 중심 민족으로 거듭나는 기회로 삼을 수 있도록 해야 한다. 또한 우리 역사의 뿌리를 찾아 미래 대한민국이 세계 으뜸국가로 나아갈 기틀을 세우고 전 세계에 퍼져있는 한(칸)민족 후손들을 모아 새로운 세계질서를 이루어야 한다. 특히 유럽에서 아메리카로 연결되어 있는 모든 한(칸)민족의 중심이 우리라는 자부심 아래 범세계적인 결속을 가질 수 있도록 해야 한다. 그리고 우리민족의 뿌리에서 가지까지 이어지는 하나의 연결을 통해 세계를 선도하는 선진국가로 나아가는 길을 열어야 한다.

이 책에서는 우리에게 전래되어 오는 단군신화를 하나하나 역사적인 사실과 비교 부합시켜 분석함으로써 우리에게 감추어진 역사의 단서를 되찾고자 한다. 감추어진 우리나라의 역사를 밝히고자 하는 노력의 일환으로 고대의 단절된 역사를 재구성하여 이해하기 쉽게 만들고자 역사의 흐름에 대한 지명과 국명은 개인적인 판단에 따라 흩어진 구슬을 엮듯이 역사의 흐름을 엮어본 것이다. 이러한 내용은 아직까지 역사학적으로 정립된 것이 아닌 개인적인 견해임을 밝혀둔다. 그리고 이 역사적인 실체에 대해서는 추후 보다 많은 연구가 필요하며 이후 많은 사람들의 관심 아래 더욱 심도 깊은 연구가 진행되어야 할 것이다. 내용이 다소 과장되고 왜곡되었다고 판단되더

라도 전체적인 흐름이 우리 한민족의 뿌리를 감추어진 고대역사 속에서 찾기 위한 노력의 하나라고 생각하고 넓은 아량으로 읽어주시기 바란다.

단군신화에서 유추한 한국 고대사는 우리의 감추어진 역사가 그 기록적인 면에서 주변국인 중국이나 일본에 비해 빈약하기 때문에 신화의 내용 분석을 통해 손쉽게 접근할 수 있도록 하였다. 그러나 저자의 빈약한 글 솜씨로 보다 이해하기 쉬운 전개가 되지 못함이 아쉽다.

그리고 이 책에 참조된 내용 중 상당수는 출처를 밝히기 애매한 인터넷의 다음과 네이버의 블로그, 웹, 카페 및 지식인 등에서 발췌하고 인용하여 편집한 것들이다. 그래서 가능하면 각각의 내용들이 왜곡되지 않도록 주의를 기울였으나 소홀한 점이 있을 수 있어 먼저 내용을 올려주신 분들에게 사과를 드린다. 더불어 그와 같이 훌륭한 기록들을 남겨주어 단군신화를 통해 우리민족의 뿌리를 찾는 데 도움을 준 많은 분들에게 지면을 통해 감사의 마음을 표한다. 또한 이 책의 내용은 단군신화와 몇 가지의 역사적인 사실을 근거로 이루어졌으며 구체적으로 모든 것이 확인된 사실이 아님을 밝힌다. 필자가 우리 한민족의 뿌리를 찾기 위한 욕심으로 다소 무리하게 기술한 부분이 있을 수 있기에 상당수의 내용은 앞으로 계속 보완할 것이다. 끝으로 이 책을 끝까지 탈고해 주시고 물심양면으로 지원을 아끼지 않은 이기선 박사님과 김미영 박사님께 감사의 말씀을 드린다.

2021년 1월

김성배

차례

제2장 한국 고대사 편력

제1장

단군신화와 고대사

제1장
단군신화와 고대사

1. 단군신화와 한민족의 탄생

1) 단군신화 개설

단군신화는 우리 한민족의 국조인 단군의 탄생에 대한 신화로《삼국유사》,《제왕운기》,《동국여지승람》등에 실려 있다. 그 중 일연의 《삼국유사》에 따르면 다음과 같다.

魏書云 "乃徃二千載 有壇君王儉, 立都阿斯達 【経云 無葉山. 亦云 白岳, 在白州地 或云 在開城東 今白岳宮是.】 開國號朝鮮 與高同時."

《위서》(魏書)에서는 "지금으로부터 2천 년 전에 단군왕검(壇君王儉)이 있어서, 아사달(阿斯達)에 도읍을 세우고 나라를 열어 조선(朝鮮)이라 불렀으니 고(高 : 요 임금)와 같은 때였다."라고 하였다.

古記云 "昔有桓因【謂帝釋也.】庶子桓雄 數意天下貪求人世. 父知子意 下視三危太伯, 可以弘益人間. 乃授天符印三箇 遣往理之. 雄率徒三千 降於太伯山頂【即太伯今妙香山】神壇樹下, 謂之神市 是謂桓雄天王也. 將風伯 · 雨師 · 雲師 而主穀 · 主命 · 主病 · 主刑 · 主善惡 凡主人間三百六十餘事 在世理化."

《고기》(古記)에서는 "옛날에 환인(桓因)의 서자 환웅(桓雄)이 있어서 자주 천하에 뜻을 두어 인간 세상을 구하기를 탐냈다. 아버지가 아들의 뜻을 알고 천부인(天符印) 3개를 주고 가서 그곳을 다스리도록 하였다. 환웅은 무리 3천을 이끌고 태백산정(太伯山頂)의 신단수(神壇樹) 아래로 내려왔으니, 그곳을 신시(神市)라 부르고 이분을 환웅천왕(桓雄天王)이라고 부른다. 풍백(風伯), 우사(雨師), 운사(雲師)를 거느리고 곡식, 운명, 질병, 형벌, 선악 등을 주관하니 무

릇 인간의 360여 일들을 주관하여 세상에 있으며 다스리고 교화하
였다.

時有一熊一虎 同穴而居, 常祈于神雄 願化爲人. 時神遺霊艾一炷 蒜二十枚曰 '爾
輩食之 不見日光百日 便得人形.' 熊虎得而食之 忌三七日, 熊得女身 虎不能忌 而不
得人身. 熊女者 無與爲婚 故毎於壇樹下 呪願有孕. 雄乃假化 而婚之孕 生子號曰 壇
君王儉.

이때 한 범과 한 곰이 있어서 같은 굴에서 살았는데, 항상 신웅(神
雄)에게 기도하기를 변화하여 사람이 되기를 바라는 것이었다. 이때
신이 신령한 쑥 한 줌과 마늘 20매를 주면서 "너희가 이것을 먹으면
서 백일 동안 햇빛을 보지 않으면 사람의 모습을 얻을 것이다."라고
하였다. 곰과 범이 받아서 이를 먹고 삼칠일(三七日 : 21일) 동안 삼
갔더니 곰은 여자의 몸을 얻었지만, 범은 삼가지 못해서 사람의 몸을
얻지 못했다. 웅녀(熊女)는 함께 혼인을 맺지 못하므로 매양 단수(壇
樹) 아래에서 아이 가지기를 바라며 빌었다. 환웅이 이에 가화(假化)
하고 그와 혼인하여 아이를 배니 아들을 낳으므로 단군왕검이라 불
렀다.

以唐高即位五十年庚寅【唐堯即位元年 戊辰, 則五十年丁巳 非庚寅也. 疑其未實.】都平壤城【今西京】始稱朝鮮. 又移都於白岳山阿斯達. 又名弓【一作方】忽山 又今旀達. 御國一千五百年. 周虎王即位己卯 封箕子於朝鮮, 壇君乃移於藏唐京 後還隱於阿斯達爲山神. 壽一千九百八歲.

"당고(唐高) 즉위 50년 경인(庚寅)에 평양성(平壤城)에 도읍하여 처음으로 조선(朝鮮)이라 칭했다. 또 도읍을 백악산(白岳山) 아사달(阿斯達)로 옮겼는데, 또는 궁홀산(弓忽山)이나 또는 금미달(今彌達)이라고도 한다. 나라를 다스림이 1500년이었다. 주(周) 호왕(虎王 : 무왕(주)) 즉위 기묘(己卯)에 기자(箕子)를 조선에 봉하니, 단군은 이에 장당경(藏唐京)으로 옮겼다가 뒤에 돌아와 아사달(阿斯達)에 숨어서 산신(山神)이 되었다. 나이는 1,908세였다고 한다."

 * [출처] 네이버 / 웹 / 나무위키《삼국유사》제1권 기이(紀異) 제1편 고조선(왕검 조선)

 우리나라 최초의 건국신화(建國神話)와 국조전설(國祖傳說)은 고시대부터 민간에서 구비(口碑)로 전해 내려왔으나, 가장 오래된 기록은 13세기 말 일연(一然)의《삼국유사》(三國遺史)의 제1편 고조선조(條)에 실려 있다.《위서》(魏書)에는 단군 임금이 아사달(阿斯達)에 도읍하고 조선이라는 국호를 썼으니 중국 요(堯)와 같은 시대(BC

2333년)라고 되어 있다. 《고기》(古記)에 의하면, 환인(桓因)의 서자(庶子) 환웅(桓雄)이 인간 세상을 구하고자 할 때 환인이 그 뜻을 알고 삼위태백(三危太伯)을 보아 홍익인간(弘益人間 : 널리 인간을 이롭게 한다)할 만하다 생각하여 그들에게 천부인(天府印) 3개를 주어 다스리게 하였다.

환웅은 3천 명의 무리를 거느리고 태백산 마루 신단수(神檀樹) 아래에 신시(神市)를 열고 여러 신들과 세상을 다스렸다. 이때 곰과 호랑이가 사람이 되고자 하여 환웅은 쑥과 마늘만으로 100일간 햇빛을 보지 않으면 사람이 될 수 있다고 하였다. 참을성 많은 곰만이 삼칠일(三七日)을 견뎌내 사람이 되었고(熊女), 환웅과 결혼하여 아들을 낳으니 그가 곧 단군이다. 단군이 평양에 도읍하여 국호를 조선(朝鮮)이라 하였고, 뒤에 아사달에 천도하여 1,500년 간 나라를 다스렸다고 한다.

이러한 내용의 단군신화는 이승휴의 《제왕운기》(帝王韻記)에도 나타난다. 단군신화의 사상은 상고(上古)의 민간 신앙에서 나오는 것으로 선왕당(仙王堂) · 천왕당(天王堂) · 산신당(山神堂) 등 천신 숭배 · 산신 숭배의 사상과 합치되어 있다. 단군 숭배 사상은 고려 충렬왕 무렵에 원(元)에 대한 자립 의식으로부터 싹터 조선 세종 때 평양에 단군 사당을 지어 동명왕(東明王)과 더불어 추앙하였으며, 구한말 자주 독립사상이 고조될 때 발생한 대종교(大倧敎)·단군교(檀君敎)의 성립 배경이 되었다. 유교, 불교, 선교(仙敎 : 道敎)의 유입 이후 단군신화의 사상을 3교의 모태로 보기도 하며, 환인(桓因)·환웅(桓雄)·단군(檀君)을 3신(三神)이라 하는 삼신사상이 싹트기도 하였다.

* [출처] 네이버 지식백과, 단군신화(檀君神話)(철학사전, 2009., 임석진 외)

2) 한민족의 탄생

단군신화는 우리에게 선조들이 보내준 소중한 유산이다. 전 세계의 많은 신화들을 연구 분석해 보면 그 내용들이 단순히 이야깃거리로 전해 내려오는 것이 아니라 그 시대에 대한 역사적인 사실을 신화화하여 구전해 내려오는 것이 대부분이다. 그러므로 그 내용을 잘 분석해 보면 역으로 그 당시의 역사적인 사실을 유추해 낼 수 있다. 그래서 단군신화의 내용을 지리·역사적으로 제대로 규명하느냐의 여하에 따라 우리는 고대의 밝혀지지 않은 우리의 역사를 알아 낼 수 있다. 그리고 그 결과 우리에게 감추어진 한민족 역사를 새로이 찾아 정립할 수 있다.

우리는 아직도 단군신화에서 나오는 이야기가 마치 허황된 신화로 보고 소홀히 취급하고 있으나 신화의 내용을 잘 살펴보면 내용 하나 하나가 상당히 정교하고 함축된 역사적인 사실을 감추고 있음을 발견할 수 있다.

우리 한민족의 탄생을 언급하려면, 그 시작이 기존에 알려진 바와 같이 단군신화의 내용처럼 하늘에서 내려와 국가가 성립되고, 그때부터 한민족의 역사가 시작되었다고 한다. 그러나 이것은 다만 상징적인 것으로, 역사적인 사실이라고 할 수는 없으며 신뢰하기도 어렵다.

그래서 이 책에서는 'BC 2333년'이라는 단군신화에 나와 있는 명시적인 연대를 기준으로 그 당시 세계사가 어떠했느냐를 연계해서 신화의 내용이 가지고 있는 타당성과 진실성을 살펴볼 것이다. 즉, 한민족의 탄생에 대한 인류 역사학적인 규명을 위해서는 신화에 정확히 명시되어 있는 역사적인 시기를 근거로 당시의 세계사를 비교 분석하여 상호 연관 관계를 찾아내면 모든 것이 설명될 수 있다고 본다.

따라서 우리는 주어진 '단군기원 BC 2333년'이 한민족의 시작이라는 명시된 연도를 기준으로 당시 범세계적으로 일어나고 고대사학적으로 규명된 역사적인 사실을 찾아 상호 연관관계를 찾아보는 것이 우리 한민족의 뿌리를 찾는 최선의 방법이 될 것이다.

그러면 BC 2333년에 일어난 문명세계의 역사적인 사실과 환인이 출현할 수 있는 사회적인 급변은 과연 어디에 있었을까? 이에 대한 답변은 그 당시 세계에서 가장 문명화된 메소포타미아의 수메르 문명에서 일어난 역사적인 사실에서 확인할 수 있다. 즉, BC 5000년경에서부터 존속해온 수메르문명은 BC 2334년경에 다른 민족(셈족)에게 정복을 당하는 역사적인 사실이 고고학적으로 규명되어 있다. 이러한 사실에서 유추하면 우리 한민족은 수메르에서 탄생했으며, 셈족에게 정복당할 당시 상당수의 사람들이 셈족에게 항복을 하지 않고, 살기 좋은 메소포타미아를 떠나 상당한 기간을 거쳐 동방으로 이주해 왔을 가능성이 크다.

3) 칸(환인)연맹의 결성

지금 우리가 쓰고 있는 한민족이라는 명칭의 어원과 그 시작이 수메르에서 결성된 도시국가 연합인 칸(키+안)연맹에서 기인한다. 이렇게 탄생한 칸은 다시 동방에서 환(桓)으로 그리고 환(밝을)은 한(韓)으로 변화되어 지금의 우리에게 한민족이라는 이름으로 남아 있는 것이다.

여기서 칸(키+안)을 구성한 '키(Ki)는 수메르 말로 땅의 신이고,

안(Anu)은 '하늘 신'이다. 이는 농경을 주로 하는 종족들이 섬기는 신으로, 칸연맹은 '하늘과 땅의 신을 추종하는 무리'라는 뜻이며, 지금은 천지신명(天地神明)으로 표현된다. 즉, 칸은 수메르 사람들이 셈족의 사르곤에게 메소포타미아에서 축출되고 결성한 '우르, 키시, 에(이)리두, 움마, 라가시, 니푸르'의 도시국가 연맹체 이름이다. 단, '에리두'는 동방에서 '이리두'로 변경되므로 이 책에서는 '이리두'로 칭한다.

민간전설에 따르면 '사르곤'은 셈족계의 하층민 출신 인물로 그가 어린아이였을 때 바구니에 담겨 강물에 떠내려가는 것을 한 정원사가 발견하고 데려다 키웠다고 한다. 아버지는 알려지지 않았으며 어릴 때의 이름도 알려지지 않았으나, 어머니는 유프라테스강 중류에 있는 한 마을의 여제사장이었다고 한다. 자라서 그는 고대 수메르 북부도시 키시의 통치자인 앤시에게 술잔을 따라 올리는 직책을 맡게 되었다. 그가 최고의 권력을 잡게 된 계기는 BC 2334년경 수메르 도시국가간의 주도권 싸움에서 그 당시 주도권을 가진 우루크의 왕(루갈 자게시)과 라가시를 패배시킨 일이었다. 루갈 자게시는 그 당시 수메르 도시국가들을 점령하여 통합시켰으며, 그 도시국가들의 영토만이 아니라 서쪽으로 지중해에 이르는 광대한 영토의 통치자로 군림하고 있었던 인물이었다. 그를 패배시킨 것을 계기로 사르곤은 남부 메소포타미아 전역을 다스리는 왕이 되었다. 그러나 상당수의 수메르 도시들은 새로운 군주에게 복종하지 않고 사르곤에게 빼앗긴 독립을 되찾고자 했기 때문에, 그는 무수한 전투 끝에서야 승리를 획득할 수 있었다.

사르곤의 군사력과 정복을 통해 얻은 수메르 도시국가들의 자산 그리고 다른 나라들과 사이에 있었던 교역관계 등으로 그의 치세에는 상업이 번창했던 것 같다. 사르곤 통치시대 이전의 수메르어에 쓰이던 서체는 아카드어에 맞게 고쳐졌으며 새로운 필사체가 개발되어 이 왕조 시기의 점토판에 쓰였다.

그의 재위 중 일어난 일에 대해서는 당대의 기록이 없기 때문에 전후관계를 밝히는 것이 불가능하며 그가 살았던 연도나 통치 시점도 정확히 알아낼 수가 없다. 다만, 현재는 BC 2334년을 아카드 왕조가 시작한 해로 꼽고 있으며, 수메르 왕들의 인명록에 따르면 그는 56년간 왕위에 있었다고 한다. 특히 사르곤이 수메르를 정복했을 때 활이 중요한 역할을 했다는 추측은 그의 이름이 사르곤으로, 수메르의 말로는 살꾼(화살을 쓰는 사람)에서 나왔을 가능성이 크기 때문이다. 그 당시의 수메르는 농경이 주요 산업이며 오랜 동안 전쟁 없이 지낸 비교적 평화로운 곳이므로 수렵족인 셈족의 화살을 사용하는 사르곤을 이겨낼 방법이 없었을 것이다. 이것을 기준으로 수메르의 도시국가가 메소포타미아에서 축출된 것은 BC 2334년경이며, 사르곤에게 정복을 당한 때부터라고 보는 것이 타당하다.

그 후 사르곤에게 쫓기는 상당수의 수메르인들은 티그리스강 동쪽(이란과 터키의 남부 지역)으로 이주하였다. 이들은 사막과 불모지인 서쪽보다는 그나마도 농경이 가능한 동쪽으로 가서 정착을 하려고 했던 것이다. 그러나 동쪽의 땅은 농사를 짓기에는 척박했다.

그래서 메소포타미아에서 티그리스강 동쪽으로 이동한 수메르인들은 잃어버린 땅을 되찾으려고 '우르, 키시, 이리두, 움마, 라가시, 니푸루' 등 축출된 도시국가들이 서로 연합하여 칸(환)연맹을 조직한다. 이렇게 결성된 칸(환)연맹은 강력한 사르곤의 공격으로 또다시 더 먼 동쪽으로 이주하게 된다. 그 후에 다시 칸(환)연맹은 각자 살 길을 찾아 분화되어 사르곤의 지배영역에서 벗어나는 길을 선택한 것 같다.

이 당시 사르곤의 지배 지역은 메소포타미아 주변이었으나, 그 후 페르시아만에서 지중해까지 확장된다. 사르곤의 영역이 이렇게 된 것은 사방으로 흩어진 칸(환)연맹을 동쪽으로는 페르시아만에서, 서쪽으로는 지중해까지 추격한 결과일 것이다.

이렇게 결성된 칸(환)연맹은 카스피해(천해)에 이르러 다시 분화한다. 즉, 이들은 다시 카스피해에서 인도 방향으로 '움마, 라가시, 니푸루'가 내려가고, 내몽골 방향으로는 '우르, 키시, 이리두'가 이주한다. 이것은 수메르문명이 전파된 인도와 홍산 지역에 나타나는 명칭으로 잘 살펴볼 수 있다.

우선 인도에서는 산스크리트어의 '옴마니반매훔'에서와 같이 움마의 존재가 확인되며, 라가시는 인도의 민속음악인 '라가'에 흔적이 남아있다. 그리고 니푸르는 지금의 '네팔'이라는 국가와 관계가 있다고 여겨진다.

더불어 동방의 내몽골 홍산에서는 우르와 키시 그리고 이리두의 3개 종족 출신들이 이룩한 칸(환)연맹의 이동이 확인된다. 즉, 우르는 '우리' 또는 '울'로 호칭되고, 키시는 '기씨, 김(키이다)', 그리고 이리두는 지명에 '이리두'로 남아 있다. 그 후에 홍산에 온 칸(환)연맹은 신석기 상태에 있던 훈(웅)족을 제압하여 칸훈(환웅)연맹을 만들었다. 그리고 그것을 바탕으로 새로이 동양문명을 이룬다. 이후 '칸'은 단군신화에 맞추어 '환인'으로 호칭한다.

이 책에서는 이와 같은 환인의 탄생을 기준으로 단군신화의 내용을 일일이 역사적인 사실과 연계 분석하여 우리 단군신화가 역사적인 사실임을 명확하게 하여 한민족의 반만년 역사를 재정립하려한다.

4) 단군신화에 나타난 한민족의 이동

단군신화에 따르면 환인에서 환웅으로 그리고 웅녀에서 단군으로 진행되는 단계·시기·지역적인 변화가 명시되어 있다. 그래서 이것을 기준으로 각각에 나타나는 역사적인 사실을 하나하나 분석해 본다.

이러한 지역 및 시대적인 변화에 대해 각각을 분류하기 위해, 우선 환인의 출현이 수메르에서 시작된 것을 기준으로 단군신화에 나타난 내용을 재정리해 본다.

처음 수메르에서 출발한 환인(우르, 키시, 이리두)은 카스피해를 거쳐 우랄·알타이산맥을 넘고 유라시아 초원을 따라 1년여의 시간이 지나서 연산산맥에 인접한 내몽골의 적봉 지역에 도달한다. 초기에 정착한 곳은 음하 중류에 있는 삼좌점 지역으로 이곳의 낮은 바위 산위에 석성을 쌓고 정착을 하는데, 이 시기가 환인시대이다. 여기서 삼좌점이라는 지명은 '삼종족이 자리 잡는 지점'이라는 의미가 있다.

삼좌점에 자리 잡은 환인은 이미 수메르에서 청동기시대를 경험한 문명화한 상태에 있었으나, 토착 원주민인 웅족은 신석기 상태에 있었다. 그리고 삼좌점 석성의 형태를 보면 환인과 웅족은 상당기간 전투를 한 것으로 여겨진다. 그러나 결국에는 환인이 토착 웅족을 정복한 것으로 보인다.

환인이 적봉 지역의 웅족을 지배하기 시작하면서 환인족과 웅족은 하나로 결합하여 환웅이 된다. 이때부터 환웅의 영역은 적봉 지역과 노합하와 오환기 벌판까지 확장되며, 그 중심에 있는 성자산에 산성을 세우고 그곳에 환웅시대의 중심도시인 신시를 세운다.

성자산 신시는 환웅시대의 수도로 영역 대부분을 관할하고 감제할 수 있는 위치이다. 신시의 내성 중앙에는 신단수를 심어 신앙(태양신)의 중심으로 삼았으며, 이곳에서 환웅은 수메르의 관료체계와 같은 3신인 풍백(신관), 우사(행정관리), 운사(군사조직)를 이용, 5부(곡식, 운명, 질병, 형벌, 선악)를 주제하고, 인간의 360여 가지 일들을 주관하며, 세상을 다스리고 교화하였다.

이후 환웅연맹은 인구가 늘고 더욱 발전하면서 3족 동맹에서 분화가 이루어진다. 이러한 분화 중의 하나가 키시족의 분화이다.

환웅에서 분화한 키시족은 적봉의 남쪽에 있는 노노아호산을 넘어 우하량 지역으로 진출한다. 이곳에서 토착 웅녀족과 결합하여 새로운 국가를 만들며, 우리 한민족의 근원인 단군(고)조선을 건설한다. 웅녀족과 결합한 초기의 단군조선은 우하량의 능원 지역을 아사달이라 명명하고 이곳을 수도로 삼는다. 이후 단군조선의 영토가 동쪽으로 확장되면서 조양 지역으로 수도를 이전한다. 이곳이 백악산 아사달이다.

　상나라가 멸망한 후 기자가 조선후라고 봉해져서 왔다고 하는 곳은 당시 주나라에 인접한 고죽국으로 난하와 대릉하 사이에 있는 곳이다. 이곳은 후에 제나라에게 멸망하고 연나라에 복속된 곳이다. 이당시 단군조선은 대릉하에서 요동까지, 즉 조양에서 선양까지를 국가의 강역으로 가지고 있었다.

　상당기간이 지나 중국이 춘추전국시대에 이르러 연나라가 조선현(고죽국)이 있었던 대릉하 지역으로 팽창을 하면서 단군조선과 갈등을 빚자, 단군조선은 수도를 조양에서 선양 지역으로 천도한다. 이곳

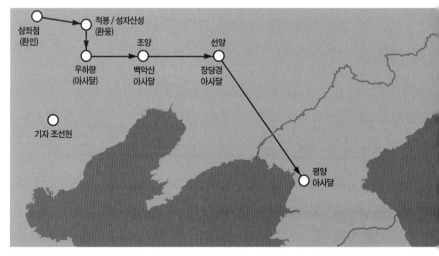

단군신화의 내용에 따른 지역적인 변화

이 장당경 아사달이다.

이후 단군조선은 전국시대 말 연나라 진개에 의해 공격을 받아 요동 지역까지 빼앗긴 후에 한반도 내의 평양으로 또다시 천도를 한다. 이곳이 단군신화에 나타난 최후의 아사달이다.

2. 환인시대

1) 환인의 기원

단군신화의 시작은 환인이다. 우리는 환인의 기원을 찾기 위해 동서양의 지금까지 밝혀진 고대역사 또는 신화 등에서 그 행적과 근원을 찾아야 한다. 이러한 관점에서 우리는 단군신화에도 그 시기가 명시된 단군기원 BC 2333년을 중심으로 모든 것을 찾아가는 것이 가장 중요하다. 즉, 당시에 일어난 전 세계 모든 역사적인 사실을 파악하여 단군기원을 기점으로 역추적하는 것이 가장 타당한 방법으로 여겨진다.

일반적으로 신화의 내용에서 하늘에서 내려왔다는 것은 도래인 정복자를 신격화할 때 쓰는 용어로, 환인은 BC 2333년에 서방 어느 지역에서 발달된 문명을 갖고 동방 문화권 안에 들어 온 도래인으로 볼 수 있다. 환인이 우리에게로 오는 과정이 명시된 아주 좋은 자료는 《환단고기》에 잘 나타나 있다.

《환단고기》에 따르면 "환인은 사백력의 하늘에서 홀로 변화하여 신이 되고, 이 환인과 함께 하늘로부터 어린 남녀 800명이 천해의 바다를 건너 동쪽 흑수와 백산의 땅에 내려와 건국하였다."고 한다.

여기서 사백력은 '사백일 걸리는 거리'라는 뜻으로 환인이 내려와 건국한 곳인 홍산에서 서방으로 걸어서 사백일이 걸리는 위치에서 출발했다는 의미이다. 이것은 보통사람의 보행으로 1일 20~30km를 기준으로 할 때 약 8,000~10,000km 서쪽이 된다.

그리고 환인으로 표현되는 신적 존재는 우리 한민족의 뿌리를 의미한다. 즉, 단군기원 BC 2333년에서 약 1년 전에 우리 한민족(환인)은 홍산에서 약 8,000km 떨어진 서쪽 지역에서 이동해 왔다는 것을 알 수 있다. 이 당시 세계사를 보면 홍산에서 서쪽으로 8,000km 떨어진 곳은 인류 최초의 문명이 꽃피웠던 메소포타미아 지역이 이에 해당된다. 즉, 우리 한민족은 BC 2333년 기준으로 400일(약 1년) 전인 BC 2334년에 어떠한 이유인지는 알 수 없으나 메소포타미아 지역에서 이동해 왔다는 것을 알 수 있다. 다시 말해서 그 당시 문명이 꽃피웠던 수메르에서 무슨 일이 일어났는지를 확인하면 우리민족이 무엇 때문에 살기 좋고 문명화된 지역에서 홍산으로 이동해 왔는지를 알 수 있다.

고대역사를 살펴보면, BC 2334년 수메르 지역은 당시 이곳의 지배도시인 루갈 라가시가 향락과 무능함에 빠져 셈족의 사르곤(아카드)에게 정복당한 시기이다. 즉, 이 당시 우리 한민족의 원조인 수메르인들이 사르곤에게 정복당하고 나서 그의 지배를 피해 메소포타미아 지역을 이탈해 떠났으며, 농사가 가능한 강가를 찾아 동방 지역으로 이주한 것을 미루어 알 수 있다. 특히 환인에서 '인'은 지배자라는 의미를 가지고 있으며, 환인은 환족의 지배자라는 의미도 된다. 여기서 환족은 필자의 저서 《한민족 역사의 재구성》에 기술한 것과 같이 우르, 키시, 이리두의 3종족이며 이들이 환연맹을 구성하여 동방으로 이주한 집단이다. 특히 '나 홀로 신이 되어'라는 의미는 여러 집단 중의 하나라는 의미를 가지고 있어 이들은 초기 집단에서 몇 개의 집단으로 분화했다는 것을 의미한다. 즉, 앞에서 밝혔듯이 초기 환연맹이 여러 개로 분화되었다는 의미이다. 그중의 한 집단이 동방으로 이주하였고, 이들의 이동에 대한 흔적은 해당 지역마다 우두머리를 칸(환)이라고 불리는 것으로 남아있다. 또한 우두머리라는 표현은 다른 말로 '대가리'이며, 이는 아직도 몽골족의 최고신인 '탱구루'로 신격화되어 쓰이고 있다.

'천해'는 '카스피해'를 가리키며 이들이 카스피해를 거쳐 온 것에 대한 표현으로 보인다. 즉, 단군신화의 환인은 메소포타미아를 떠나 티그리스강 동쪽에서 분화되어 '카스피해'를 거쳐 동쪽의 땅으로 800명의 어린 남녀를 데리고 이동한 것으로 표현되어 있다.

이들이 이주한 지역은 수메르에서 400일 거리에 떨어진 홍산이며, 정착한 지역은 '흑수 백산의 땅'이라고 한다. 여기서 흑수는 적봉지역에 인접한 음하(陰河)를 지칭한다. 음하는 '어두운 물'이라는 것과 같이 '흑수'라는 표현이 맞다. 더불어 흑수와 백산은 흑수에 인접한 하얀산으로 지금의 음하댐 옆 삼좌점 석성이 있는 곳에 해당된다.

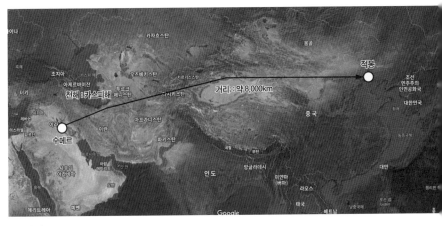

환인의 이동

이곳은 흰색 화강암으로 이루어진 나지막한 돌산으로 상당한 규모의 고대 석성이 발견되고 있다. 그래서 삼좌점 석성이 《환단고기》에서 지적하는 환인이 도착한 흑수 백산에 부합한다. 다시 말해서 환인이 정착한 곳은 고대 수메르문명에서 400일 간 이동해 약 8,000km 떨어진 지금의 적봉시에서 서북 방향으로 40km 떨어진 음하(陰河) 상류 삼좌점댐 우측 지역 삼좌점(三座店) 석성 유적에 정착했다는 것이 된다. 특히 삼좌점 석성의 연대 측정에 따라서도 그 건립 시기는 하가점하층문화기(BC 2000년경)인 것으로 볼 수 있어 삼좌점 석성은 동방으로 이주해와 흑수 백산에 최초로 자리 잡은 우리 한(환인)민족의 탄생 유적지이다.

이러한 삼좌점 석성은 중국이 2005년 음하 다목적댐 공사 도중에 인근 야산에서 발견하였으며, 2006년 말에 발굴이 완료됐다. 석성의 건립연대는 BC 2000년대로 추정되며 하가점 하층문화기에 속한다. 석성의 전체 면적은 약 14,000m² 정도이며 원형 건물지 수십 기와 원형제단, 적석총 그리고 저장공(13개)이 확인되었다. 성곽 내부에는 2개의 도로가 3개 구획 사이에 조성되어 있다. 특히 하늘과 땅을 상징하는 적석묘는 50~70cm 원을 중심으로 사방 20여 미터까지 확장될 만큼 거대해서 제단과 구분되지 않을 정도이다. 완벽한 형태의 우물과 60여 채의 집터, 부족연맹회의 장소로 추정된 모임장

삼좌점 석성   [출처] 구글지도(항공사진) 현재

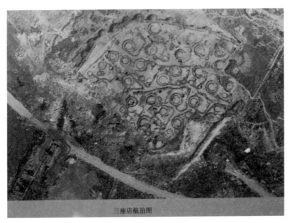

삼좌점 석성   [출처] 네이버 블로그 / 사진자료(초기)

소, 곡식창고와 문설주까지 완벽하게 보존돼 있는데 특히 외성과 내성으로 구분된 성벽 중에서 내성 서북쪽 성벽의 '치'는 약 5m 간격으

로 13개나 발견된다. 더욱이 곳곳에 해독되지 않은 상형문자들이 널려 있다고 알려져 있다.

삼좌점 석성이 특별히 주목받는 것은 전형적인 초기 형식의 석성으로 기저석을 쌓고 수평으로 지반을 다진 뒤 막돌을 큰 것부터 작은 돌 순서로 '들여쌓기'를 했다는 점이다. 또한 돌쌓기는 횡으로 쌓은 뒤 다음 단은 종으로 쌓았는데, 이들의 추정 연대는 무려 4,000년 전으로 거슬러 올라간다는 점이다. 더욱 놀라운 것은 아군의 추락을 막고 적병의 침입을 어렵게 하려고 성벽 상부에 여장을 쌓았다는 것이다.

[출처] 고조선 역사탐방(6) 적봉 삼좌점(하가점하층문화) 가는 길 | 작성자 깜보

이러한 삼좌점 석성은 촌락 단위가 아닌 고대사회 부족국가의 수준에서 만들어진 성읍으로 볼 수 있다. 그 구조를 분석해 보면 사진에서 보는 바와 같이 무려 4,000년 전에 지어졌다고 볼 수 없을 정도로 상당히 문명화된 사람들에 의해 계획적으로 구획된 성읍 구조를 가지고 있다. 즉, 3개 구역을 주 통로로 구획하고 각각을 10채 정도의 원형 주거 단위로 배열하여 계획적으로 인구 분산을 꾀했으며, 각각의 독립된 구획은 적게는 가족, 혹은 크게는 종족 단위의 주거단위의 형식을 갖고 있다. 이는 3개 블록과 1개 단위 내성 및 제단으로

삼좌점 유적지 돌담 밖으로 돌출된 '雉(치 : 馬面)'　　　사진 [출처] : 內蒙古新聞網 2005. 7. 29.

구획된 것으로 각각의 역할을 맡은 3개 종족(우르, 키시, 이리두)이 지역적인 분할을 한 것으로 보인다. 특히 각 세대가 담장으로 둘러쌓은 구조는 이미 사유재산제가 성립된 사회 구조를 가지고 있는 것으로 볼 수 있다.

　각 구역에는 곡식저장고나 배수시설을 설치하고 각 세대가 담장으로 서로 독립적인 형태를 가지고 있는 비교적 발달된 주거 구조를 가지고 있는 것으로 보인다. 특히 외측의 치*는 그 당시 석성에 거주한

---

*산성의 치(雉) : 성벽에서 적이 접근하는 것을 일찍 관측하고, 전투를 할 때 성벽으로 접근하는 적을 정면이나 측면에서 격퇴할 수 있도록 성벽의 일부를 바깥으로 돌출시켜 장방형 또는 반원형으로 덧붙여서 만든 성벽시설물 중의 하나이다.

사람들이 외부의 적과 대치하고 있었다는 것을 알 수 있다. 또한 외부의 적은 무기체계가 창, 활 등의 중거리용 무기가 아닌 석기시대의 전투무기인 돌과 단순한 막대 무기를 사용해서 전투를 벌였다는 것을 알 수 있다. 이렇듯 외부에 설치된 치의 경우는 주로 방어를 위해 설치하는 것으로 주변의 어떤 집단이 지속적으로 공격해 왔다는 것을 의미한다.

더불어 치의 개수가 13개가 되는 것은 상당기간 자주 싸웠다는 의미이며, 치 상부에 여장을 둔 것은 공격보다 방어에 치중했다는 것을 알 수 있다. 더욱이 치 상호 간격이 5m 정도라는 것은 전투에 사용한 무기가 단거리용이라는 것과 대면전투가 주된 방법이라는 것을 알 수 있다. 또한 방어자 입장에서 1개 치에 3~5명 정도 인원이 배치된다고 보면 최소 방어에 치중한 전투인원은 100명 이상으로 쌍방의 전투인원은 수백 명에 달하는 집단 간 전투임을 미루어 알 수 있다. 더불어 치의 전술적인 특징은 적의 공격면적을 확대하여 공격력을 분산시키는 효과를 주나, 공학적인 특성은 일자형의 보통 성벽보다 두 배 이상 인력과 재료(돌) 및 시간이 소모된다. 따라서 치를 설치해야 할 명백한 필요성이 없이는 건설하지 않는다는 점에서 보면 당시의 전투상황이 심각했음을 보여준다. 이러한 점에서 보면 삼좌점 석성에서 대규모 전투가 상당기간 치러졌다는 것을 알 수 있다.

보통 석성 내의 상주인원은 전투원의 3배 정도라고 가정하면 300명 이상이 상시 거주했던 것임을 미루어 짐작할 수 있다. 이 당시 이러한 대규모의 전투라면, 이곳으로 이주해 온 환인연맹과 토착 웅(곰)족 간의 전투를 예상할 수 있다. 이 전투의 결과는 단군신화의 내용 전개와 같이 환인족이 토착 웅족을 제압하고 통합된 환웅의 단계로 들어간 것으로 여겨진다.

또한 시기적으로 규명된 BC 2000년경에 삼좌점 석성의 구조를 보면 상당수의 인원이 계획적으로 집단 거주를 하고 있었다는 점을 보여주며, 이미 부족국가의 단계에서 석성이 운영되고 있음을 알 수 있다.

이것에 미루어 보아 삼좌점 석성은 상당히 문명화된 사람들에 의해 건설된 석성이라는 것과 석성인들은 이미 다른 문명화된 지역에서 이주해온 사람들이라는 것을 알 수 있다.

그곳에서 발견된 고대 도기 조각 위에 새겨진 두 글자(사진 : 네이버 / 데일리한국 / 고대사 박대종)를 보면 당시의 문자를 추정할 수 있다. 그것들은 시대상 우리나라 학계에서 고조선이라 부르는 시기의 명문으로 사진 왼쪽의 글자는 箕子朝鮮(기자조선)의 시조인 箕子(기자)를 나타내는 고대의 '箕(기)'의 원형이고, 오른쪽은 法典(법전)의 '典(자)'였기 때문이다. 이는 단군신화의 팔조금법을 나타내는

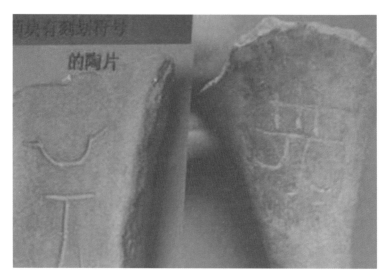

삼좌점 석성의 도편 문자

문자로서 환인의 실체이며 고조선과 배달국의 연결성을 실증하는 매우 중요한 고고학적 자료로 여겨진다.

〈표 1〉 '箕'(기)의 옛날 글자체들

사진	각도를 돌려 따냄	결각부위를 채운 모양	주대 금문 '箕'			은대 갑골문 '箕'		은대 금문 '箕'
	⑨	⑧ ⑦	⑤ ⑥	② ③ ④	①

오래된 시기인 우측에서 좌측의 순서대로 봄.   * [출처] 네이버 / 데일리한국 / 박대종

<〈표 2〉 '典'(전)의 글자체 변천>

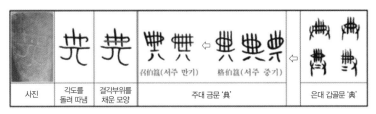

사진	각도를 돌려 따냄	결각부위를 채운 모양	주대 금문 '典'		은대 갑골문 '典'
			召伯簋(서주 만기) ⇐	格伯簋(서주 중기) ⇐	

* [출처] (네이버 / 데일리한국 / 박대종

이 유적지에서 발굴된 두 건의 도편 명문에 대해 중국의 적지 않은 고고학자와 고문자의 전문가들은 문자냐, 아니면 부호냐를 놓고 의견이 분분하지만 아직껏 공통된 인식에 도달치 못하고 있는 실정이다. 그런 가운데 삼좌점 산성 유적지의 발굴 담당자인 내몽고 자치구 문물고고연구소의 곽치중(郭治中) 교수는 "어찌 되었건 간에 하가점 하층문화 시기에 이와 같은 성숙한 문자류의 부호가 존재했다는 것은 의심할 바 없이 일개 중대한 발견이다."라고 강조했다.

그러나 필자가 보는 바로는 이것들은 부호가 아니라 수메르에서 전승되고 삼좌점(환인)시대에 쓰였던 엄연하고도 분명한 문자이다. 정확한 문자 해독을 위해 이미 발견된 상·주대의 갑골문 및 금문과의 비교분석을 실시해 보았다.

〈표 1〉에서 보는 바와 같이 삼좌점 산성 유적지에서 발견된 첫 번째 도편 문자는 일부 획이 생략된 '箕(기)'자이다. 은나라 때에는 오

늘날과 달리 '箕'의 자형에는 竹(죽)과 丌(기)자가 없었다. 순수한 '키'의 모습을 그대로 상형한 글자였으며, 원문자의 의미는 상위에 놓인 물그릇으로 수메르문자에서는 '키시족'을 의미한다. 그리고 '箕'와 '其'는 의미상으로는 구별되었어도 자형상으로는 동일하여 서로 분리되지 않았었다. 위 은대 금문 ①의 '箕'는 국명에서 나아가 족명 또는 인명을 나타내고, 은대 갑골문 ②, ③, ④의 '箕'는 의미상 '其'자로서 갑골복사(甲骨卜辭)에서는 '키'에서 전이된 의미인 발어사, 어기사 혹은 사람이나 사물을 가리키는 대명사로 쓰였다. 즉, 초기의 '其'자는 후대에 획이 부가되어 '箕'가 되어, 이는 초기 수메르 문자가 한자화되기 이전의 문자로 환인시대에 사용되었음을 나타낸다.

'箕'자에 대해 중국의 곽치중(郭治中) 교수는 "하부는 일개 '탁자'의 상형부호이고, 상부는 하나의 '솥'을 그린 상형부호"라고 설명하였다. 그러나 이는 삼좌점 석성이 수메르에서 BC 2333년 이주해온 우리 한(환인)민족이 초기에 사용했던 문자라는 것을 모르고 한 이야기라 여겨진다.

삼좌점 산성 유적지에서 발견된 두 번째 도편 명문은 〈표 2〉에서 보는 바와 같이 '典(전)'자이다. 이 또한 획의 일부분이 생략된 결각으로 서주 중기 이후에 쓰였던 '典'의 원형이다.

은대 갑골문에서의 '典'은 '임금이 주는 책명(법전)'을 뜻하기도 하고 또는 '册'자와 통용되기도 하였으며, '제품(=제물)'을 뜻하기도 하였다. 국어와 주어(周語) 등에선 '의례'의 뜻으로 쓰이기도 하였다. 그러므로 이 삼좌점 유적의 典자는 '법전'을 나타내는 것으로 판단된다.

이처럼 '2006년 중국고고학의 신발견'이라 일컬어지는 '적봉 삼좌점 산성 유적지'에서 발견된 도편상의 두 명문을 은대의 갑골문 및 금문과 정밀 비교분석해 보면, '서주중기~전국시기'에 사용된 '箕'와 '典'이라는 원문자임이 확인된다. 따라서 이 글자들을 문자 이전의 각획 부호로 인식하고 나아가 하가점 하층문화 시기에 이와 같은 성숙한 문자류의 부호가 존재했다고 본 중국 곽치중 교수의 시각이 맞다.

* [참조] 네이버 / 데일리한국 / 박대종

그러나 필자의 판단으로는 명문 '箕'와 '典'은 箕典(기전)으로, 이는 이미 수메르문명에서 법전이 존재하듯 우리 선조인 삼좌점에 정착한 3종족 중의 하나인 키시가 만든 법전이라는 의미로 고조선의 팔조금법의 원형일 가능성이 크다. 특히 '箕'는 삼좌점 성읍에서 국가 성립에 관여한 3종족 중 키시족을 지칭한 것으로 법전 작업을 주도했을 것으로 보인다. 더욱이 삼좌점 석성은 그 규모가 수백 명 이상이 집단거주하며 사유재산제가 예상되는 부계, 가족 중심사회의 복잡한

사회구조를 가지고 있는 것으로 보여, 삼좌점 석성시대에 이미 공동사회를 통제할 규범 및 법규가 만들어지고 집행되었을 것으로 예측된다. 또한 수메르인들은 이미 메소포타미아문명 초기에 '슐기·남무'법전 등을 제정해 사용했던 것으로 알려져 있어 이들이 삼좌점으로 이주해 왔을 때도 성읍 사회를 통제할 법을 제정하고 지켰을 것이다.

우리에게 잘 알려진 '고조선 팔조금법'에 대한 《환단고기》의 《태백일사》, 《번한세가》에 기술된 내용은 다음과 같다.

① 사람을 죽이면 사형에 처한다.

② 상해를 입힌 자는 곡식으로 보상한다.

③ 도둑질한 자 중 남자는 그 집의 노예로, 여자는 노비로 삼는다.

④ 소도를 훼손한 자는 금고형에 처한다.

⑤ 예의를 잃은 자는 군에 복역시킨다.

⑥ 게으른 자는 부역에 동원시킨다.

⑦ 음란한 자는 태형으로 다스린다.

⑧ 남을 속인 자는 잘 교화하여 방면한다.

결론적으로 삼좌점 유적지에서 발견된 명문이 새겨진 두 건의 도편 모두가 환인시대의 유물이다. 그리고 삼좌점 산성유적지에 대한 기존 층위분석 및 탄소측정 등을 조사한 결과 지금으로부터 4,000~3,400년 전의 유적지라고 밝혀진바 단군신화의 환인시대가 맞다.

적봉의 삼좌점 산성유적지는 현재 한민족의 영토를 벗어나 있지만 고대사를 기준으로 할 때 환인시대, 즉 한민족의 강역이었기 때문에 대한민국의 입장에서는 당연히 '한국 고고학 최대의 유적지'라 할 수 있을 것이다.

* [참조] ; 박대종 대종언어연구소장 / 내용 편집

단군신화에 나오는 환인(桓因)은 원래 칸(Khan)의 한자어로 가한 또는 한(韓)이 된다. 더욱이 수메르에서 이주한 칸연맹은 칸인으로 불리어져 칸인은 환인이 될 수 있다. 즉, 단군신화의 환인은 칸에서 나온 명칭으로서 수메르에서 온 칸연맹을 한자식으로 표현한 것이다. 또한 《환단고기》에서는 환인을 환국(桓國)으로 번역하고 있으나, 이것도 환국연맹이라는 점에서 동일한 의미이다. 여기서 환국연맹은 '우르, 키시, 이리두'의 3국 연맹에서 기인한 명칭이다. 다만, 환인에서 '인'이 가지고 있는 원래의 뜻은 수메르 말로 '지배자'이기 때문에 환인은 '칸연맹의 지도자'라는 뜻도 된다. 이 책에서는 이후 '칸'

을 '환' 또는 '환인'으로 표기한다.

<표 3> 고대문자와 칸연맹 3종족

고대문자	한자	신	색체	종족	의미	국가
⊙	日	태양(우루)	적색	우르	우리	신시배달국
𣅞	其·箕	땅, 물(키, 엔키)	청색	키시	물그릇	고조선
夷	夷	바람(엔릴)	황색	이리두	병사	하나라

여기서 태양(日)은 수메르의 우르족의 신앙이며, 그들은 태양신(우루)을 숭배하여 신성소(소도)를 두고 그 한가운데 신단수를 심어 신성하게 여겼다. 또한 장닭으로 태양신을 맞는 제사를 지냈으며, 이는 환인시대를 이은 환웅(신시배달국)시대에서도 잘 나타나 있다. 특히 '우르족'이 신단수를 숭배했다는 것은 동일계통의 '갈대아 우르' 사람(아브라함)의 후손인 유대인이 성서에서 '금단의 열매' 나무를 신성시했다는 점에서 잘 알 수 있다.

키(箕)는 탁상 위의 물그릇을 의미하며, 이는 물의 신(엔키)에 대한 키시족의 신앙으로 표현된 문자이다. 이것은 현재까지 우리의 민속신앙에서 '정한수'를 떠놓고 달님이나 숭배 물 앞에서 기원하는 행위

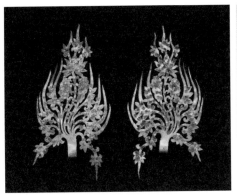

무령왕의 금제관식과 청동대향로(불꽃 문양 : 태양신 숭배)

로 남아있다. 특히 엔키는 물과 관련된 신앙 신으로, 용으로 표현되기도 하며 바다 속의 용왕과 용궁이라는 상상물을 만들어 내서 신앙

문무대왕암(동해의 호국 용)

의 대상으로 삼았다. 특히 이들은 고조선과 신라의 김씨 왕조에서 숭배물로 자주 나타난다. 즉, 고조선과 신라는 이런 점에서 키시와 직접 관계가 있음을 잘 알 수 있다.

이(夷)는 한자에서 大(대)와 弓(궁)의 합친 글자로 표현되고 있으나, 초기 갑골문에서는 大자와 巳(사)자의 결합형이었다. 즉, 사람으로 표현되는 대(大)자와 뱀(巳)으로 이루어진 글자였으며, 본뜻은 몸에 뱀을 감은 사람이라는 의미이다. 여기서 뱀은 비늘을 가진 동물로

뱀 비늘 문양의 갑옷을 입은 장수　　＊사진 [출처] 네이버 / 블로그 / 사진

몸에 뱀을 둘렀다는 의미는 장수의 갑옷이 뱀 비늘처럼 되어 있기 때문에 초기의 '이'자는 장수라는 뜻을 표현하는 상형문자이다. 이것이 후에 이(夷)와 같이 활을 몸에 지닌 장수라는 글자로 변화한 것이다. 즉, 이리두의 약자인 '이'는 장군 혹은 장수들을 가리키며, 우리 한민족을 가리켜 동이(東夷)족이라는 것도 동쪽의 이리두족이라는 의미이다. 특히 이리두는 상나라에게 멸망한 하나라의 수도로 잘 알려져 있어 '이'는 하나라와 직접적인 관계가 있음을 알 수 있다. 그래서 우리나라로 표현되는 고대의 동이족과 고리족은 하나라의 후예임을 미루어 짐작할 수 있다.

2) 환웅시대와 배달국

삼좌점에서 적봉 지역의 토착 부족과 상당기간 긴장상태에 있던 환족은 결국 원주민 웅족을 제압하고 통합을 이룬다. 이때부터가 단군신화의 환웅시대이다.

이로써 환(우르, 키시, 이리두) 3족은 보다 넓은 적봉과 오환기의 벌판으로 진출한다. 그래서 청동기의 환인연맹과 결합함으로써 그 이전에 이곳에 거주하고 있던 원주민은 신석기시대를 마감하고 청동기시대로 전환하는 계기가 된다. 여기서 발달된 문명을 가지고 있는 환족 사람들에게는 원주민들이 지저분하고 미개한 종족으로 보여 검은 종족으로 인식되었을 것이다. 그래서 도래한 수메르(환)인들이 원시 상태 원주민을 웅족이라고 부른 것이다. 여기서 원주민을 웅족이라 부른 이유는 수메르 말로 '웅'이 '검은'이라는 의미를 가지고 있으며 수메르 말로 '웅상기가'가 '검은 머리사람'이라는 뜻에서와 같이 웅이 '검다'이기 때문이다.

도래한 환연맹 사람들은 이미 수메르문명에서 청결함과 문화적인 생활을 해온 사람들로 '백의의 민족'이기 때문에 흰옷의 웅족이 지저분한 검은 종족으로 보였을 것이다. 환연맹 사람들이 백의에 상투를 튼 민족이라는 것은, 이들이 이미 수메르에서 농경을 주로 해왔기 때문이다. 즉, 봄에서 가을까지 농사를 지으려면 햇빛에 적응하기 위해 흰옷을 입을 수밖에 없으며 농사를 지을 때는 긴 머리카락이 흘러내려 눈에 거슬리지 않게 상투를 틀 수밖에 없었다. 그래서 우리 한민족은 전통적으로 흰옷에 상투 튼 '백의의 민족'이 될 수밖에 없었다. 그리고 그들의 눈에는 원주민이 검고 미개한 종족으로 보였을 것이다. 그래서 원주민이 웅족이 된 것이다.

그 후 도래한 환연맹이 원주민인 웅족을 지배하면서 2개 집단이 하나로 통합된 결과가 환웅이 된다. 즉, 이러한 과정을 통해 4개의 종족(우르, 키시, 이리두, 웅)이 결합하면서 우리 한민족의 뿌리가 되는 '신시배달국'이 성립된 것이다. 이러한 과정을 거쳐 적봉을 비롯한 홍산 지역이 고대 수메르문명을 이어가는 고도의 동방문명을 최초로 형성할 수 있는 여건을 갖추게 된다. 그리고 이렇게 성립한 국가가 '신시배달국'이며, 그들의 주요 구성원은 수메르의 우르, 키시, 이리두의 3족과 토착 웅(훈)족의 4족 연맹이다.

이에 반해 당시의 중국 황하 지역은 신석기시대에 머물러 있으면서 초기 동방문명의 2차적인 수혜 지역이 될 수밖에 없었다. 이것은 중국의 황하가 초기 수메르문명의 도래 지역에서 소외되어 있기 때문이다. 그래서 BC 2000년경에나 홍산문명이 발달된 문명을 전파받아 비로소 황하문명이 시작된 것이다.

초기에 황하문명은 신시배달국에서 이리두 출신의 운사(황제)가 파견되어 국가를 만들면서 성립된다. 다시 말해서 황하문명 최초의 국가인 하나라는 당시 신시배달국의 식민 제후국으로 배달국에서 파견한 관리가 총독(황제 공손헌원)이 되어 황하 지역을 통치하면서 세워진 국가이다. 그러나 하나라는 배달국 14대 치우천왕 때 독립을 위해 전쟁을 선포한다. 이것이 후세 중국 역사에서는 황제라고 지칭하는 공손헌원이 반기를 들어 배달국의 치우천왕에게 독립전쟁을 치른 것이라고 하며, 이것이 소위 말하는 중국 역사 속의 '탁록대전'이다.

이 당시 탁록은 하나라(황하 중류)와 배달국(홍산)의 중간 지점으로 10년간의 대 전쟁을 치른 곳이다. 이로 인해 하나라의 이리두족은 배달국으로부터 독립을 쟁취하고 비로소 황하에 이리두문명을 이룬다.

그러나 그 후 하나라는 걸왕 때에 이르러 폭정으로 인해 백성들의 지지를 받지 못하고 키시족 출신의 탕왕에게 왕권을 양도하게 된다. 여기서 탕왕이 키시족 출신인 것은 그의 태생이 옥 광주리 속의 제비의 알에서 태어났다고 하는 난생설화와 관련이 있다. 즉, 옥 광주리라는 것은 키시족을 의미하고, 제비는 신시배달국 출신이라는 것을 뜻하기 때문이다. 여기서 신시를 제비와 연관 짓는 것은 신시의 성곽 형상이 제비 형상과 같기 때문이다. 즉, 배달국과 신시는 달의 신 난나(신)를 숭배하며, 제비는 난나와 인간세계를 연결해 주는 새(전령사)이기 때문이다.

그리고 상나라가 주나라에게 멸망할 때 상나라의 왕족 출신인 기자에게 조선의 왕으로 봉하였다는 것으로 보아 상나라의 지배자가 기씨와 관련이 있다는 것을 알 수 있으며, 기씨는 키시의 변음으로 종족 명칭이 성씨화한 것임을 알 수 있다. 특히 중국의 고대 문자라고 하는 갑골문자 또한 배달국의 문자인 신시문자와 그림문자가 발전된 것으로 보인다. 그 이유로는 상나라를 지배한 것이 키시이며,

키시는 초기에 배달국에서 행정관료를 맡아 기록과 행정을 처리했기 때문에 문자 활용에 익숙해 있었다. 그래서 키시가 황하 지역에 진출하여 상나라를 세우면서 그 이전에 배달국에서 쓰던 상형문자를 한자화시키기가 수월했기 때문이다.

(1) 배달국과 신시

배달국의 중심도시는 신시이며 성자산성이다. 성자산성은 적봉에서 동북쪽으로 오한기의 살력파향과 마리항향 경계부분 인근의 해발 800m 정상에 위치하고 있다. 산성은 북 방향으로 해발 500m의 노

성자산성(신시)의 형상(내성 중앙에 신단수가 심어졌던 흔적이 보인다)

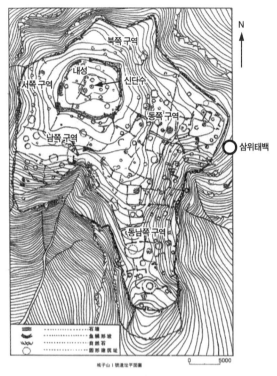

N↑

북쪽 구역

내성

서쪽 구역

신단수

동쪽 구역

남쪽 구역

삼위태백

동남쪽 구역

石墻
自然形狀
自然石
圓形建築址

梳子山Ⅰ號遺址平面圖

0   5000

성자산성(신시)의 구조

합하와 주변의 평야지대를 감제할 수 있는 고지에 위치하고 있으며, 성곽의 크기는 대략 남북이 약 440m이고, 동서는 340m 정도이며, 총 면적은 150,000m²이다. 또한 내성과 외성의 6구역으로 구분되어 5개의 문이 있으며, 내성 중심부는 다른 부분보다 높게 회(回)자형으로 오르내리는 담장 구조로 조성되어 있다. 그리고 여기 내성에

는 32채의 원형 집터와 지배 고위층 주거지로 여겨지는 집터도 10채
가 되며, 상주인구는 1채에 5인을 기준으로 할 때 약 1,000~2,000
명 정도로 추정된다. 내성의 한가운데는 신성소와 신단수가 심어져
있던 것으로 보이며, 이곳이 소도이다.

이러한 성자산성은 삼좌점에서 출발한 환인연맹이 적봉 지역을 정
복한 후에 만든 신시배달국이며, 환웅 4족 연맹의 중심지이다.

(2) 서자 환웅(庶子 桓雄)

환웅은 칸(환)연맹이 동방으로 진출하면서 토착부족인 훈(웅)족과
결합하는 과정에서 신화적인 명칭으로 남아 있는 것이다. 즉, 환인의
환과 웅이 결합하여 환웅이 된 것이다. 그리고 환웅이 서자라고 표현
한 것은 정통 환연맹의 자체 부족 간의 결합이 아니고 웅족과의 결합
에서 나왔다는 것을 상징적으로 나타낸 말이다. 또한 고대 사회에서
는 서자라는 표현은 환경적인 조건을 이겨내고 더욱 뛰어나게 되는
것을 의미한다. 이것은 수메르의 신의 체계를 살펴보면 그 의미를 잘
알 수 있다.

하늘 신 아누(Anu)는 2명의 아들을 두었는데 첫째아들이 땅과 물
의 지배자인 '엔키(Enki)'이고, 둘째아들은 바람과 자연의 지배자인

'엔릴(Enlil)'이다. 여기서 엔(En)은 지배자라는 의미이다. 이 엔은 동방으로 와서 한자로 표현되면서 발음이 인(因) 또는 왕(王)으로 바뀐다. 그러나 최고신이 엔릴이 된 것은 첫째아들인 엔키가 서자(庶子)이기 때문이다. 그럼에도 신의 세계에서 엔릴은 잔인하고 흉폭하지만, 엔키는 홍익인간의 이념을 갖는 신으로 묘사되어 있다. 엔키는 '길가메시의 서사시'에 나오는 것과 같이 엔릴이 대홍수를 일으켜 인류를 멸망시키려 할 때에도 인류의 멸망을 막기 위해 지우스트라(우트나피스팀)에게 방주를 만들게 하고, 대홍수에 대비하게 하는 등의 자애로운 신이다. 이것은 단군신화에서 환웅이 서자라는 약점을 홍익인간이라는 이념으로 승화시키면서 엔키와 대비하여 만들어진 신화로 보인다.

(3) 태백산정(太伯山頂) : 삼위태백

'태백산'에서 태백의 어원은 '탑파' 혹은 '타바'에서 나온 말로 탑 또는 인공 산(피라미드 혹은 제단)이라는 의미이다. 그리고 타바는 우리 동방에서 한자 표기 이후에는 태백(太伯)으로 변한 것으로 여겨진다. 특히 '타바'는 유사한 의미의 마스타바(Mastaba : 이집트 초기 무덤으로 1단으로 된 제단 혹은 무덤)에서와 같이 제단이면서 무덤

삼위태백 *사진 [출처] : 청쯔산(성자산) 산성 동쪽 성벽 아래 바위에 새겨진
그림. 사진에서 가운데 돌에 북두칠성을 표현한 것이라는 주장이 제기된 성혈이 있다(복기대, 2013).

으로 만든 제단을 의미한다. 여기서 태백(太伯)이란 '하얗고 큰'이라
는 뜻이 있으며, 이것은 하얀색의 화강석 혹은 맥반석으로 크게 만든
제단을 의미한다. 더불어 삼위태백이란 3개의 연이어 있는 제단을
의미하며, 여기서 태백(타바)은 개별 제단을 지칭하는 말이다. 이러
한 삼위태백은 성자산성의 동쪽에 놓인 3개의 제단을 가리키며, 이
것은 반대로 성자산성이 신시가 되는 증거도 된다. 특히 신시에 3개
의 타바(태백)가 존재하는 이유는 신시를 지배하는 종족이 셋이라는

의미이다. 즉, 신시를 지배하는 종족은 수메르에서 홍산으로 같이 이
동해 온 우르, 키시, 이리두의 환연맹 3종족을 지칭한다. 이러한 3종
족체계는 현재까지 우리 한민족의 특징으로 남아 있다.

이집트의 '마스타바'에서 '마스'는 우리말로 '첫 번째' 혹은 '처음'의
의미를 갖은 말로, 우리말의 아침에 첫 번째 치르는 거래를 '마수걸
이'라고 하는 마수와 뜻이 동일하다.

참고로 이집트의 피라미드는 초기에 1단 타바를 마스타바(어원은
메소포타미아)라고 하며, 다단식 타바(계단식 피라미드)와 굴절식 피
라미드를 거쳐 고왕국 때는 사각뿔 형태의 피라미드로 발전하였다.

《삼국유사》는 환웅이 내려온 곳을 태백산이라고 한 후 '지금의 묘
향산이다.'는 주를 달아놓았다. 많은 사람은 이 주를 무시하고 태백
산을 백두산으로 해석하려 한다. 그러나 이는 고대문명에 대한 이
해 부족에서 나온 평가로 태백산은 '태백이 있는 일반적인 산'을 의
미한다.

그리고 태백산은 신성스러운 산이라는 뜻이지 백두산이나 묘향산
같은 특정 산을 가리키는 것이 아니다. 즉, 태백산은 태백이 있는 산
으로 단군신화에 나오는 태백산은 신시가 있는 성자산이며, 성자산
성 동쪽에 3개의 제단이 설치되어 있으니 이것이 3위태백이다. 특히
삼위태백의 가운데 태백은 북두칠성이 새겨있는데, 이것은 칠성단의

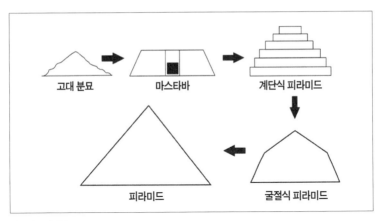

피라미드의 종류

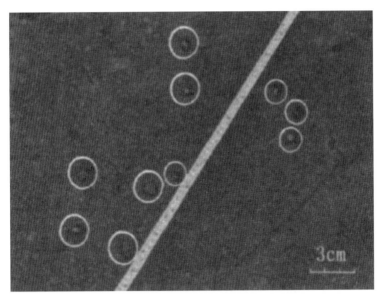

칠성단　　　　　　　　　　*사진 [출처] : 청쯔산(성자산) 산성 동쪽 성벽 아래 바위에 새
겨진 북두칠성 및 삼성 성혈(孙小淳 외, 2010)

원형으로 아직까지 우리의 토속신앙세계에 전해내려 오고 있다.

우리에게 전해오고 있는 '정선아리랑'의 가사 내용을 보면,

강원도 금강산 일만 이천봉 팔만 구암자

유점사 법당 뒤에 칠성단 도두 오고

팔자에 없는 아들딸 낳아달라고

석달 열흘을 노구메 정성을 말고

타관객리 외로히 난 사람 네가 괄세를 마오.

즉, 성자산성의 동쪽에 있는 칠성단은 북두칠성에 기원하는 제단으로 후세에 전해지는 '정선아리랑'에서 나타나 있듯이 복과 자식을 기원하는 기원단으로 변화한 것으로 여겨진다.

(4) 천부인

환인은 환웅이 신시를 세울 때 천부인 세 개를 주어 내려가서 세상을 다스리게 하였다고 한다. 그러나 지금에 와서는 천부인이 무엇을 뜻하는지 명확하지 않다. 다만, 이것이 신시배달국의 성립 시기와 맞

물려 청동기시대에 사용된 것으로 보이는 고대사회 초기의 제사도구이면서 권력과 행정력의 상징인 청동검, 청동거울, 옥도장과 같은 상징물이라고 짐작이 된다.

신시배달국의 지배체계가 수메르의 통치체계와 같이 풍백(신관), 우사(행정관료), 운사(군인)의 삼두체제이므로 신권은 청동거울을, 행정권은 옥도장을 그리고 군권은 청동검으로 상징될 가능성이 크다. 특히 신시를 구성하는 종족은 수메르에서 이동해온 칸연맹의 우르, 키시, 이리두로서 그들 각각이 우르는 천왕과 제사장을 맡고, 키시는 행정관료를, 이리두는 군사를 맡는 분할체제가 성립되어 있던 것으로 여겨진다. 이 때문에 이들 각각의 상징물로 천부인이 부여된 것이다.

또한 우리 한민족의 고대신앙은 항상 3신(천·지·인)체제로 모든 것이 결정되며, 이러한 3신에서 하늘 천(天)은 우르를 상징하고, 땅 지(地)는 키시를 그리고 사람 인(人)은 이리두가 중심을 이루는 체계로 나누어진다. 그리고 지금까지 이러한 전통이 지속되어 내려와 우리 한민족의 정신세계를 이루고 있다. 더불어 이러한 3두체제는 신라가 박, 김, 석의 삼성이 성골체계를 갖추고 골품제도로 국가를 이끌어간 것도 같은 맥락이라고 볼 수 있다. 즉, 박씨 왕조는 우르 출신으로 신권과 종교에 그리고 김씨 왕조는 키시 출신으로 행정·정

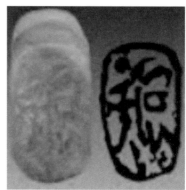

천부인

치에, 석씨 왕조는 이리두 출신으로 군권에 강점을 보이는 것도 마찬가지다. 우리 한반도에서 주로 발견되는 청동검, 청동거울, 팔주령은 소규모 부족장의 상징물이며 족장이 죽으면 같이 매장된 것도 이와 같은 맥락이다. 특히 천부인은 일본의 국가 성립 역사에도 나타난다. 즉, 천조대신 아마테라스가 천손강림 니니기에게 삼종 신기(청동거울, 청동검, 굽은옥)를 주고 세상을 다스리라고 내려 보낸 것도 동일한 의미이다. 또 단군신화에서 나타나는 천부인은 이미 환웅시대에 국가 통치체계가 확립되어 있다는 것을 잘 보여준다.

(5) 태백산

단군신화에 기술된 태백산은 구체적인 산의 명칭이 아니고 태백 (제단)이 있는 산이라는 의미이다. 이러한 점은 한반도 내의 태백산 도 정상부에 천제단이 있는 산이라는 것과 같다. 즉, 태백산은 산의 정상부에 제단인 태백(타바 : Taba)을 설치하고 제사를 지내는 산으 로 단군신화 속의 태백산은 내몽골 적봉의 성자산을 지칭한 것이다. 또한 삼위태백은 성자산성의 성곽 동쪽에 있는 3개 제단(태백)으로, 이는 환연맹 3족이 각각 섬기는 신에게 제사를 지내던 제단이다. 특 히 성자산 산성은 그 구조에 있어서 외성의 형상이 나는 새(제비)와

태백산 천제단   * 사진 [출처] : 태백시 홈페이지

같고 그 동쪽에 3개의 제단(태백)이 있는 것으로 보아 단군신화의 신시와 일치한다. 여기서 성곽의 형상으로 보이는 새는 달의 신 '난나'의 전령사로 제비를 형상화했을 가능성이 크다.

더욱이 성의 구조가 내성(신단수를 심었던 자리 : 소도)을 제외한 부분이 5구역으로 분할되어 있는 것은 그곳에서 환웅이 곡식(농경), 수명(복지), 질병(의료), 형벌(법무), 선악(예절)의 5가지 행정 분야를 구성하고 주관했던 관청이었을 것이다.

(6) 신단수(神檀樹)

신단수는 신목(神木)으로, 단(檀)은 박달나무 '단'자이다. 즉, 신단수는 박달나무 혹은 자작나무로 천제를 지낼 때 사용되는 신목이며 천제단 옆에 심어 놓고 숭배하는 대상이다.

또한 '신단수'의 다른 경우는 일본의 신사에서 제례용으로 쓰는 삐죽이(榊)나무도 해당된다. 왜냐하면 삐죽이나무는 신(神)이라는 글자와 나무(木)가 합쳐 있는 형상으로 '신의 나무'라는 의미가 되기 때문이다. 특히 일본의 신도(神道)는 우리 한반도에서 넘어간 것으로 그 전통이 비교적 잘 보존되고 있어서 우리민족의 고대 제천의식임을 미루어 짐작할 수 있다. 이와 같은 맥락에서 강화도 마니산 첨성단(천제단)의 원형단에 심어 있는 나무도 신단수와 같은 목적으로 심어진 것으로 여겨진다. 더불어 마니산의 천제단은, 하늘은 둥글고, 땅은 네모나다는 천원지방(天圓地方)의 관점에서 보아야 하며, 신단수는 하늘정원에 있다는 의미로 원형제단 부분에 심어져 있는 것이다. 또한 마니산 천제단의 특징은 사각형의 지단이 천단보다 높다는 특징이 있다. 이것은 땅을 상징하는 키시족(신라 김씨)이 하늘을 상징하는 우르족(백제 부여씨)을 제압했다는 의미가 있어, 마니산 천제단의 설립 시기가 한강유역을 신라가 백제에게서 빼앗은 진흥왕 때일 가능성이 크다.

수메르인들은 자신들을 웅상기가(ùĝ saĝ gíg-ga), 즉 검은머리 사

마니산 **첨성단**과 신단수   *사진 [출처] : 네이버 / 마니산 첨성단

람들이라고 불렀으며, 그들의 땅은 키엔기르(Ki-en-ĝir), 즉 수메르가 지배하는 땅이라고 했다. 여기서 웅은 '검다'라는 의미인데 이것이 한자로 곰이라는 의미의 웅(熊)자가 되었으며, 상은 '상투'라는 명칭에서와 같이 머리라는 뜻이다. 이와 같은 '웅상'이라는 단어는 《산해경》에서도 찾아볼 수 있다.

"불함산에 웅상(雄常)이란 나무가 있는데. 불함산은 '숙신' 땅에 있으며 웅상나무에선 '선입벌제(先入伐帝), 우차취지(于此取之)'의 사건이 벌어졌다고 한다."

이 사건의 내용을 해석하면 '웅상나무에 옛날에 들어간 어떤 자가 임금을 죽이고 그 나무로 옷을 해 입었다.'라고 된다.

여기서 불함산은 홍산을 의미하며, 웅상나무는 신단수를 뜻한다. 그리고 숙신은 내몽골 또는 만주 지역이다. 그리고 웅상이 검은머리라는 수메르어의 상징성과 연결해 보면 단군신화의 신시배달국에서 어떤 임금이 등극했던 방법에 대한 묘사로 보인다.

* [출처] 다음 / 블로그 / 산해경의 불함산 / 편집

신단수의 의미는 태양신에 대한 숭배의식에서 보호되고 신격화된 것이며, 잉카의 마추픽추에 있는 인티와타와 같은 목적으로 만들어진 것이라 여겨진다. 여기서 '인티와타'는 우리말로 '신(왕)이 왔다.'

마추픽추의 태양신 석비 : 인티와타

이다. 이것은 마추픽추의 중앙부분에 있는 석비로 잉카인들은 태양

이 석비 바로 위에 남중할 때 석비의 그림자가 사라지면 태양신이 석

비에 강림한다고 하면서 "인티와타"라고 외친 것에서 지어진 이름이다. 이러한 점에서 인티와타는 우리 한민족의 신단수와 같은 목적으로 만들어진 것임을 알 수 있다.

(7) 신시(神市)

수메르에서 축출된 도시국가들은 칸(환)연맹체를 구성하여 사르곤에 저항하다가 결국은 다시 패배하고 사방으로 흩어진다. 그 중에 일단의 무리가 연맹의 지도자의 통솔 아래 우랄·알타이산맥을 넘고 중앙아시아 초원을 건너 홍산에 도달하게 된다. 그곳은 그들이 떠나온 메소포타미아에서와 같이 농사가 가능한 적봉의 음하 강가이다. 이렇게 적봉에 도착하고 환인시대를 거쳐 환웅시대가 될 때까지는 수십년이 지난 BC 2300년~BC 2200년경이 된다. 이때가 우리민족의 최초 국가인 배달국을 신시에 세운 시기이다. 그리고 그 시기 이후부터가 동방문명권에 새로운 문명이 탄생하게 된 것이기도 하다.

신시는 도시 국가의 형태를 취하던 수메르의 국가체계와 동일하다. 그리고 그 장소는 홍산의 적봉 지역이며 노합하와 오환기 벌판을 굽어보는 성자산성이다. 여기서 신시에 대한 의미를 분석해 보면 신시는 '신의 도시'라는 의미이다. 우선 신(神)은 무엇을 위한 신인가를 알아야 한다. 여기서 신이 갖는 의미는 수메르의 신의 계보에서 찾을 수 있다. 즉, 수메르의 신은 최고신 아누와 키, 엔릴 그리고 엔키 외 난나, 우루 등 수많은 신이 있다. 그중에 환웅시대는 달의 신 난나를 주신(主神)으로 숭배하였으며 달의 신 난나를 단순히 신(Sin)으로 부르기도 했다. 즉, 신시의 숭배하는 신은 단순 명사화된 달의 신인 '신'을 숭배하는 것을 알 수 있다. 그리고 우리민족이 고대부터 달력(음력)을 기준으로 하는 태음력을 쓰는 것도 이것과 무관하지 않다.

시(市)는 도시라는 의미이지만 근본적으로 '시'라는 말은 수메르 말로 시(Si) 그 자체이다. 즉, 수메르에서는 도시를 '시'라고 발음하고 그대로 사용했다는 의미이다. 그리고 수메르에서는 도시의 지배자를 엔시(Ensi)라고 했으며, 엔(인)은 앞서 말한바와 같이 지배자를 의미하는데 한자화되었을 때 '인' 또는 '왕'으로 발음한다. 그리고 시는 도시를 뜻한다. 이와 같이 신시(Sinsi)는 신의 도시이며 보다 구체적으로 말하면 '달의 신의 도시'라는 의미이다. 특히 신라시대에 와서 경주의 남산에 축성된 월성(月城)도 신시와 같은 의미로 만들어진 산성이다.

달의 신 매개자는 새(제비)이다. 이것은 달밤에 하늘을 나는 제비를 연상하면 알 수 있다. 그래서 신시를 새(제비)의 형상으로 축조한 것이다. 더불어 《흥부전》에 보면 "흥부가 제비 다리를 고쳐주고 박씨를 얻어 심었으며, 보름달 같은 박이 열리고, 그 안에서 온갖 보물이 나왔다."는 설화에서와 같이 '제비와 달' 간의 관계를 알 수 있다. 그리고 또 다른 예로 잉카의 유적지인 마추픽추가 나르는 콘돌 형상인 것도 이와 같은 맥락에서 축조되었기 때문이며, 그래서 성자산의 석성도 의도적으로 외곽을 제비의 형상으로 축조되었음을 미루어 짐작할 수 있다. 특히 키시족 출신인 상나라의 탕왕이 제비 알에서 태어났다는 것도 그가 신시배달국 출신으로 신시가 제비 형상이라는 것을 상징적으로 나타내는 또 다른 신화이다.

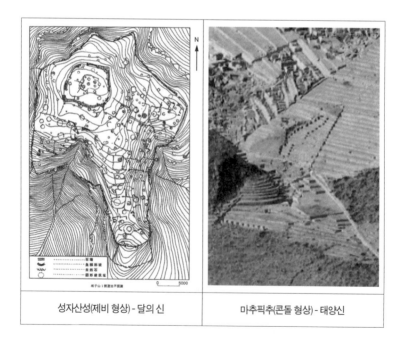

| 성자산성(제비 형상) - 달의 신 | 마추픽추(콘돌 형상) - 태양신 |

더불어 신시배달국의 직계인 고구려의 경우도 신의 매개체를 삼족오(三足烏)로 형상화한 것도 같은 맥락으로 볼 수 있다. 특히 삼족(三足)으로 표현된 것은 수메르에서 온 우르, 키시, 이리두의 3종족을 상징하는 것으로 볼 수 있다. 이는 앞의 신시에 설치된 삼위태백도 3종족의 하늘에 제사를 지내는 제단이 뜻하는 것과 같은 관점에서 나온 것으로 보인다. 특히 삼위태백이 위치한 곳은 신시의 동쪽으로 3족이 동쪽을 바라보고 하는 맹약, 즉 동맹(東盟)의 의미에 부합된다. 이러한 관점에서 후대의 고구려에서 시행된 제천행사인 동맹의 원조가 신시에서부터 내려온 것으로 여겨진다.

성자산성과 마추픽추를 상호 비교해 보면 성자산성은 북쪽의 북극성 방향으로 날아가는 제비 모양이고, 마추픽추는 남쪽 태양 방향으로 날아가는 콘돌 모양으로 같은 형식을 취하고 있다. 그리고 성자산성의 중심 내성에 신단수를 두고 있고, 마추픽추는 인티와타를 두어 태양신을 숭배하는 동일한 신의 도시 형식을 취하고 있다.

(8) 풍백 · 우사 · 운사

단군신화 속에 나오는 '신단수 아래 풍백, 우사, 운사를 거느리고'에서 나타나는 '풍백'은 '바람신'이라는 의미이며, 이는 수메르문명의 바람신 '엔릴'을 의미한다. 이것은 수메르문명에서 신관을 의미하며, 중국 신화의 태호 복희도 동일하다. 특히 복희는 성씨가 풍씨로 잘 알려져 있다.

'우사'는 '비의 신'을 의미한다. 이는 수메르의 '엔키'로 '물의 신'을 나타낸다. 이는 고대사회가 농경중심사회이므로 사회를 이끌어가는 산업행위와 정치 및 행정을 의미하며, 중국은 신농으로 표현한다.

'운사'는 '구름신'을 의미하나, 구름은 군사를 의미하므로 군권을 나타낸다. 특히 중국은 신화 속에 황제 공손헌원을 운사라고 표현하였다.

따라서 중국의 기원인 삼황오제는 우리의 고대사회에서 성립한 신시배달국의 관료 직급체계를 신격화한 것일 가능성이 크다. 이러한 사항들은 후기 중국의 역사가들이 우리 한민족의 고대역사 일부를 편취하여 자신의 신화 속에 편입시키고 마치 우리의 단군신화는 단순한 신화처럼 호도하고 있는 것이다.

여기서 우리가 규명하고자 하는 풍백, 우사, 운사의 실체는 신시배달국의 관료(신관, 행정관, 군관)체제이며, 이것이 중국 역사 속에 삼황으로 표현된 것임을 알아야 한다. 우선 삼황은 태호-복희와 염제-신농 그리고 황제-헌원을 말한다. 이 삼황은 중국 문명 초기에 왕도 아니고, 그들은 각각 인류 문명에 필요한 획기적인 기여와 발명을 통해 후세에 큰 영향을 주었다고 추앙하며 '삼황'으로 부르고 있다.

삼황의 첫째인 복희는 태호(太昊 : 큰 하늘)라 불렸으며, 뱀 몸에 사람 머리를 하고 있다. 그는 사람들에게 처음으로 사냥법과 불을 활용하는 법을 가르쳤다고 한다.

두 번째 삼황인 신농은 염제(炎帝 : 불꽃 임금)라고도 불렸으며 사람 몸에 소의 머리를 가졌다. 그는 태양신이자 농업신으로 농경을 처음으로 가르쳤다고 한다. 또한 그는 태양이 높게 떠 있는 시간에는 사람들에게 상업을 가르쳤다고 한다.

태호 복희(풍백)　　　　염제 신농(우사)　　　　황제 헌원(운사)

세 번째 삼황은 황제 헌원(軒轅 : 운사)이다. 헌원은 사람들에게 집 짓는 법과 옷 짜는 법을 가르쳤으며 수레를 발명했다고 한다. 그는 글자 개념을 처음으로 도입해 천문과 역산을 시작하였다. 그리고 처음으로 의료술을 시작한 것으로 알려졌다.

중국 신화의 삼황오제에서 복희는 성이 풍씨로 풍백이라는 의미이고, 신농은 소머리 형상의 우사라는 상징적인 의미가 있으며, 황제 헌원은 중국 고사에도 명백하게 운사라고 명시되어 있다. 더불어 오제는 소호 금천과 고신, 고양, 요제, 순제 등으로 단군시대의 벼슬자리를 의미한다. 이것을 중국은 날조하여 자신들의 역사 변조에 이용한 것이다. 따라서 중국의 기원인 삼황오제는 우리의 고대사회에서 성립한 신시배달국의 관료 계급직제를 따간 것이다. 이러한 사항들은 후기 중국의 역사가들이 우리 한민족의 고대역사 일부를 날조하여 자신의 신화 속에 편입시키고 마치 우리의 단군도 신화 속에서 존재했던 인물인 것처럼 호도하고 있는 것이다.

* [출처] 다음 / 백과 / 위키백과 / 편집

더불어 기록상 치우천왕은 BC 2700년경 신시배달국의 제14대 자오지 환웅으로 알려져 있다. 그러나 이는 중국이 자신의 역사를 부풀리기 위해 만든 역사 기록상의 오류로 실제 재위년도는 그보다는 약

1,000년 뒤인 BC 1800년경으로 보는 것이 타당하다.

치우천왕에 관해서는 중국과 우리 모두 관련 기록을 갖고 있다. 그 중에 중국 기록에는 "치우는 노산의 쇠로써 오병을 만들었다. 그리고 치우와 그 형제 81명이 있었으며, 그들은 모두 짐승의 몸에 사람의 말을 하였다. 구리 머리에 소의 이마를 가졌고 모래와 돌을 먹었다. 병장기로 칼, 창, 활 등을 만들어 천하에 위세를 떨쳤다."고 한다. 이러한 기록을 통하여 우리는 치우에 관한 몇 가지 내용을 알 수 있다.

우선 치우는 각종 병장기를 만들었다는 점이다. 이렇듯 상고시대에 금속제 병장기를 만들었다는 것은 고도의 제련 기술을 가지고 있었음을 알 수 있다. 또한 다수의 무리로 짐승의 몸에 사람 언어를 썼다는 것은 짐승가죽으로 된 옷을 입은 문명화된 종족이라는 의미이다. 그리고 구리 머리에 소의 이마를 가졌다는 것은 청동기시대의 소 머리(수메르)족이며 전투에 능했다는 것을 알 수 있다. 특히 치우천왕은 수메르의 3족 중 우르 출신으로 배달국의 지배자이다.

이러한 치우천왕은 이리두 출신의 황제 헌원과 탁록에서 10년간 전쟁을 치렀다. 이 전쟁이 끝난 뒤에는 헌원에게 치우천왕이 체포, 살해되었다고 한다. 그러나 이것은 중국 측의 일방적인 기록으로 오히려 치우천왕이 이기고 전쟁의 신으로 추앙을 받게 된 것으로 보인다. 다만, 전쟁의 결과로 이리두의 하나라는 독립을 쟁취하고, 이 전쟁의 후유증으로 신시배달국은 상당한 손상을 입었던 것 같다.

⑼ 5부(곡식, 운명, 질병, 형벌, 선악)를 주관하고 세상을 다스림

단군신화에 따르면 "곡식, 운명, 질병, 형벌, 선악 등을 주관하니 무릇 인간의 360여 일들을 주관하여 세상에 있으며, 다스리고 교화하였다."고 한다. 이러한 사항들은 국가를 다스리는 정치 및 행정행위를 말하는 것으로, 앞의 3황이 우리 한(칸)민족의 고대국가인 배달국의 지배계급(3신)의 개명인 것으로 비추어 보면 5가지 통치행위도 중국이 이야기하는 5제의 원형으로 여겨진다. 즉, 5제인 소호-금천, 전욱-고양, 제곡-고신, 제요, 제순 또한 한민족의 고대 환웅시대에 있어 행정관료의 직제(5부제)에서 나온 명칭일 가능성이 크다. 다시 말하면 소호-금천은 쇠(금)의 명칭에서 보았듯이 산업부의 수장이며 운명을 주관하고, 전욱-고양은 병·형부의 수장으로 법을 만들고 그 기틀을 세우고, 제곡-고신은 농경부의 수장으로 곡식을 주관하고 농경의 노고를 달래기 위해 음악과 악기를 개발한 것이며, 제요는 예부의 수장으로 선악을 주관하고, 제순은 경제와 질병의 수장인 것으로 보인다. 특히 중국이 태평성대라고 하는 요·순시대는 국민

간의 예절이 바로서고 경제적으로 윤택한 시절을 상징적으로 이야기한다. 이것은 행정관료 중 예부와 이부의 수장이 올바르고 행사가 원만하면 태평성대가 이루어진다는 것을 상징적으로 말하는 것이다.

신시배달국의 관료체계와 중국의 삼황·오제를 수메르의 관료체계와 비교해 보면, 수메르의 관료체계는 왕(루갈)을 중심으로 신관·행정관료·전사의 3계급이 지배 계층을 이루었으며, 평민과 노예가 존재하였다. 당시 도시의 중심은 신전이었으며, 이것의 관리를 담당한 신관의 지위는 높아 정치, 경제, 군사, 제례 등의 실권을 장악하였다. 그리고 행정관리로는 여러 직급의 서기와 관리가 있어서 신전 직할지가 분배되었으며 신전, 성벽, 운하 같은 공공건물의 보수 등의 책임을 맡았다. 전사계급은 도시의 방위 및 치안과 도시간의 분쟁을 해결하고 전쟁에 대비하여 상설되었으며 노예를 관리했다.

당시 대표적인 도시로서 라가시, 움마, 우르, 우루크, 니푸루, 이리두, 키시 등이 있었으며 각 도시에는 우선 고지대에 신전이 세워지고 주위에 성벽을 쌓았다. 그리고 신전에는 창고, 작업장, 신관들의 방이 있고 그 주변에 주택을 밀집시키는 등의 철저한 도시계획에 따라 건설되었다. 도시에는 다양한 종류의 평민과 노예가 있어 귀금속 세공인, 대장장이, 피혁공, 목수들과 심지어 어부 등에 이르기까지 직업이 세분되어 있었다. 그리고 통상과 교역에 종사하는 상인들과 가축 사육에도 전문분야가 있어서 각기 소, 당나귀, 양, 염소, 돼지를 기르는 전문직으로 구분되었다.

이러한 관점에서 본다면 우리 한민족의 단군신화에서 나오는 풍백, 우사, 운사와 중국의 삼황 · 오제는 수메르의 관료체제를 이어온 것으로 동일한 문명에서 파생된 것이며, 이는 수메르에서 이주해온 환연맹에 의해 동방으로 전수된 통치제제의 신화적인 표현이다.

3. 단군시대(고조선)

1) 단군시대의 개막

단군신화에서 "환웅이 이에 가화(假化)하고 웅녀와 혼인하여 아이를 배니 아들을 낳으므로 단군왕검이라 불렀다."의 내용을 살펴보면 환웅과 웅녀의 결합이 단군시대를 여는 것으로 표현되어 있다.

단군시대는 적봉 지역의 환웅(신시배달국)에서 분리, 독립해 나온 키시족이 노노아호산을 넘어 우하량 지역의 쑥과 마늘을 먹고 보리를 주식으로 하는 웅녀(맥)족과 연합하면서 단군(고)조선이라는 국가를 성립한다.

단군시대를 여는 우하량 지역의 웅녀족은 모계중심사회이며, 이들이 환웅의 부계중심사회와 결합하는 과정에서 환웅과 웅녀의 만남으로 표현되어 단군신화에 남겨진 것으로 보인다.

(1) 곰과 범

고조선 성립사의 서막은 곰과 범의 경쟁이다. 환웅시대 신시배달국(홍산)에 인접한 양대 토착세력은 북만주 쪽의 호랑이토템 예족과 우하량 쪽 곰토템의 맥족이 자리 잡고 있었으며, 양자 사이의 세력경쟁에서 환웅은 맥족을 선택한 것이다. 그리고 이 경쟁에서 맥족의 웅녀가 선택되어 후사를 이은 것으로 단군의 탄생에 대한 출신을 상징적으로 표현한 것 같다. 이것을 다른 각도에서 본다면 환웅에서 분화되어 나온 키시족이 신시에서 우하량으로 이주할 것인가, 아니면 북만주 쪽으로 정할 것인가의 선택에서 우하량 쪽으로 정한 것을 상징한다. 여기서 범은 만주 벌판의 예족인 말갈(물길)과 여진의 토템이 호랑이이기 때문이며, 단군이 정착한 지역이 우하량, 요하 유역인 것

여신 묘지터와 곰발바닥으로 추정되는 유물   *사진 [출처] : 네이버 / 우하량 유적지

으로 보아 우하량 지역의 맥족 토템이 곰이기 때문이다.

또한 단군의 탄생에 웅녀가 등장하는 것은 맥족이 당시에 모계사회의 전통에서 벗어나지 못한 것을 의미하다. 그리고 환웅과 웅녀의 결합을 통해 단군이 탄생한 것은 환웅연맹에서 내려온 키시족이 결혼 동맹을 통해 서로 연합하여 고조선을 이룩하였던 것을 나타낸다. 특히 맥족 영역에 속하는 우하량에 있는 여신전은 3개의 크고 작은 여신상을 엇갈린 십자형 신전 터에 배열하여 숭배해 온 장소로 초기에 모계중심사회의 면모를 엿볼 수 있다. 여기서 숭배해온 '삼여신'은 현재 우리의 토속 신앙에서 탄생과 생명을 관장한다는 '삼신할미'의 원형이며, 이곳에서 자식을 많이 낳을 것과 자손의 복을 기원하는 제사가 이루어졌던 것으로 보인다.

가부좌를 틀고 앉은 여신상으로 출생과 생명을 관장하는 삼신할미의 하나이다. 진흙 부조상에는 옥구슬로 눈을 만들어 놓았다.　　　　　　　　　　　　　*사진 [출처] : 구글 / 우하랑 유적지 여신상

(2) 단군왕검(檀君王儉)

　신화 속에 환웅이 웅녀와 결혼해서 단군을 낳았다는 것은, 환웅연맹의 한 부족이 토착부족인 웅녀족과 결합하여 단군이 중심이 되는 국가를 만들었다는 것으로 고조선의 국가 성립 단계를 나타낸다.

　단군에서 '단(檀)'은 박달나무를 의미하며, 박달나무는 자작나무과의 나무로 도끼자루 및 농기구 혹은 육모방망이, 창 같은 무기의 자루로 사용되는 견고하고 강한 나무이다. 임금 '군(君)'은 윤(尹)자와

구(口)자로 분해할 수 있으며, 여기서 윤은 막대기를 들고 있는 손을 상징하며, 구는 입을 의미한다. 즉, 임금 군(君)자는 손에 나무를 들고 호령하는 사람을 의미한다. 또한 왕검(王儉)에서 왕은 지배자를 뜻하며, 검은 칼(劍)과 글자가 비슷하다. 그러나 이것은 무기를 의미하지 않고, 실제적인 의미에서 검은 곰의 변음으로 곰(雄)족을 지칭한다.

이상에서 살펴보면 단군왕검이란 의미는 '박달나무 몽둥이를 들고 호령하면서 곰족을 지배하는 사람'을 의미한다. 이와 같은 맥락에서 보면 고조선은 환웅에서 나온 세력이 요하 지역의 웅녀족을 복속시켜 우하량과 조양을 중심으로 국가를 만들었다는 의미가 된다. 여기서 조양은 우리말로 아사달이다. 또한 왕검성은 곰(웅녀)족을 지배하는 지배자의 성이라는 의미로 볼 수 있다.

(3) 경인년

《삼국유사》에서는 단군왕검이 아사달에 도읍을 정하고 조선이라는 나라를 세운 시기가 '여고동시(與高同時)'라고 했다. 여기서 '여(與)'는 '더불어'라는 뜻이고, '고(高)'는 중국 문명을 만든 요(堯) 임금의 이름이다. 그러므로 '요 임금과 같은 시기'라는 뜻이다. 그리고 그

정확한 시기는 "당고(唐高) 즉위 50년 경인(庚寅)에 평양성(平壤城)에 도읍하여 처음으로 조선(朝鮮)이라 칭했다."고 하였다. 다만, 요임금이 왕위에 오른 지 50년인 경인년이라고 하였으나, 요 임금의 즉위 원년은 중국 기록상 정사년이므로 50년 후는 무진년이 된다. 그렇다면 경인년은 진실이 아니다. 이것은 단군의 존재 시기를 중국 기록에 따라 요·순시대에 맞추기 위해서 연도를 조정하다가 생긴 오류일 가능성이 크다. 즉, 우리가 알고 있는 BC 2333년은 무진년으로 우리 한민족의 시작인 단군기원의 원년으로 삼게 된 것이다. 그러나 BC 2333년은 앞서 우리 한민족의 근원에서와 같이 세계사적으로 명확하게 규명된 역사적 시기에는 오히려 단군 기원이기보다는 환인이 동방으로 이주해와 삼좌점에 국가를 세웠던 시기로 보는 것이 타당하다.

(4) 아사달

단군이 세운 아사달은 평양이라고 적시하고 있으나, 실제석으로는 지금의 조양일 가능성이 크다. 즉, 신화 속에 나타난 신시와 아사달은 지역적인 연속성이 있으면서도 실제적으로 전혀 다른 지역에 존재한다는 조건에서 보면 한반도 내의 평양은 너무 멀다. 그리고 신시가 종교적인 의미가 강한 도시임에 반해서 아사달은 여러 가지 국가를 움직이는 통치행위를 했다는 내용으로 보아 정치 · 행정 중심도시라는 의미가 강하게 나타나 있다.

이러한 점은 후에 신라가 산위에 월성을 두고 평야에 금성을 둔점, 그리고 일본이 국가를 세울 때 제사를 다루는 신의 도시로 이즈모(出雲)를 택하고 정치는 나라(교토)에서 하는 것과 같이 지역적 제정분리 원칙에 따른 것이 동일하다. 또한 남아메리카의 잉카제국도 산위에 마추픽추라는 '태양신의 도시'를 세우고 통치는 교통이 편리한 지역인 쿠스코에서 하는 것도 같은 맥락이라고 볼 수 있다.

그리고 조양을 고조선의 수도인 아사달로 지정하는 것은 다음과 같은 이유가 있다. 여기서 조(朝)는 우리 옛말로 '아사'이며, 양(陽)은 '달', 즉 땅이다. 이것은 우리 고대 언어의 영향을 받은 일본어의 〈조일(朝日)신문〉이 '아사히'로 읽는 것과 같다. 우리가 알고 있는 평양은, 실제로는 넓은 땅으로 '넓다'의 옛말이 '아스'이며 '아스달'이 된다. 이러한 점에서 보면 《삼국유사》에 나오는 평양이 초기의 아사달이라는 것은 우리의 고어에 대한 지식 부족으로 생긴 오류일 가능성이 크다. 즉, 우리 역사 속에서 나타나는 고조선의 수도 왕검성은 지금의 내몽골에 있는 조양(아사달)이 타당하다.

단군신화에서와 같이 고조선은, 처음에는 아사달에서 백악산 아사달로 이전하고, 다시 장당경 아사달로 옮겨갔다가 아사달로 이전하였다고 한다. 여기서 각각의 아사달의 위치에 대하여는 명확하게 단정할 수 없으나, 백악산 아사달은 아사달 주변에 백악산이 있었다는 의미이므로 이러한 곳을 찾아보면 쉽게 알 수 있다. 즉, 조양 주변에 백악산이라고 할 수 있는 하얀색의 높은 바위산이 있어, 이런 점에서 보면 조양이 백악산 아사달일 가능성이 크다. 그러면 장당경 아사달은 자연스럽게 '조선'의 나머지 글자인 '선'자로 시작되는 선양 지역이 된다. 여기서 나오는 장당경은 지금의 선양과 장춘 주변으로, 장춘은 후에 부여의 수도가 된다. 이러한 것에서 우리는 초기 아사달의 위치를 추정해 볼 수 있는데, 그 위치는 우하량 지역이 된다. 특히 우하량은 신시배달국이 있었던 적봉 지역에서 남쪽 방향으로 노노아호산을 넘어 처음으로 접하는 양지바른 땅이다. 그리고 현재 이 지역에서는 다량의 신석기시대의 유물과 곰(웅족) 토템의 모계사회에 존재하는 여신전이 발견되었으므로 단군신화의 내용과 합치되며, 강력한 국가 권력의 상징인 원형 및 사각형의 제단(태백)과 다수의 유물이 발견되고 있다.

이곳에서 웅녀(맥)족과 환웅족의 유적이 동시에 발견된 것으로 보아 이곳을 최초 아사달로 특정할 수 있다. 다만, 아사달의 의미가 조양이므로 초기 이곳의 명칭은 아사달이 아닌 다른 명칭(왕검성)으로 불렀을 것으로 여겨진다.

그리고 장당경 아사달에서 또다시 아사달로 이전하였다는 신화의

우하량 유적　　　　　　　　　　　　　* 사진 [출처] 《코리안루트를 찾아서》 / 발췌

내용과 최후의 아사달은 한반도 내의 평양이라고 하는 《삼국유사》의 내용을 살펴보면 단군조선의 흥망성쇠와 역사적인 흐름을 살펴 볼 수 있다. 즉, 초기 우하량과 조양(백악산 아사달) 지역을 중심으로 단군조선이 형성되고, 상나라 멸망 후 기자가 고죽국의 조선현령으로 봉해졌을 때 접경 지역 조양(백악산 아사달)에서 멀리 떨어진 선양(장당경 아사달)으로 수도를 옮겼음을 알 수 있다. 그러나 단군조선은 전국시대 말에 연나라의 진개에 의해 선양을 포함한 요동 지역까지 빼앗기는 상황이 벌어져, 결국 한반도 내의 평양 아사달로 천도하게 된 것으로 보인다.

2) 기자와 고죽국

단군신화에는 "상나라가 멸망한 후 상나라 왕족 기자가 주 무왕을 섬길 수 없다며 조선으로 망명하려 하자, 주 무왕이 기자를 조선(현령)에 봉했다."는 기록이 있다. 이것을 유추해 보면 상나라 왕족은 기씨라는 의미가 된다. 또 기자를 봉했다는 조선도 주나라에 인접한 곳에 이미 조선이라는 국가가 있었다는 것을 나타낸다. 그러나 기자를 봉했다는 조선은 단군이 통치하는 단군조선이 아니고, 단군조선에 인접한 지역에 있는 '조선현'이라는 지명을 나타내는 것이다. 기자가 망명한 조선현은 원래 고죽국으로 난하 서쪽의 천안현에 위치하고 있었다. 그러나 그 당시 고조선은 요하의 조양과 선양을 중심으로 한 번한연맹체의 강력한 국가로 여러 개의 소국 연맹체로 구성되어 있었기 때문에 별개의 국가일 수밖에 없다.

또한 기자의 성씨가 기씨라는 것은 상나라를 세운 탕왕이 키시족이라는 의미도 된다. 즉, 신시배달국의 3족 중의 하나인 키시가 황하 지역으로 내려가 이리두족의 하나라를 제압하고 상나라를 세웠다는 것이 된다. 여기서 우리가 일반적으로 쓰고 있는 씨(氏)족이란 것은 수메르어의 시(市)에서 변형된 말이다.

기자가 망명할 당시 고조선은 연맹체국가로 지배자인 단군이 직접 통치하고 있었으며, 그 영역은 요하(번한) 지역으로 고대 중국의 상나라와 인접해 있는 대국이었다. 상나라의 후예인 기자가 조선으로 망명한 것은 기존 고조선의 핵심 지배세력이 키시(기씨)로, 기자와 같은 키시족에 의해 지배되고 있었기 때문이다.

현재 한국의 성씨 중 행주 기씨(奇氏)와 서씨(徐氏), 태원 선우씨(鮮于氏)와 청주 한씨(韓氏) 등이 기자를 시조로 모시고 있다. 이들은 실제적으로 수메르 키시족의 후손일 것이다.

그리고 고조선 마지막 왕들이 기씨인 것은 그들이 기자의 후예라는 의미가 아니고, 키시족이라는 의미에서 기씨이다. 이들 기씨는 단

황해도 구월산 '삼성사'에 모셔져 있는 '환인, 환웅, 단군왕검'의 초상화
* [출처] : 네이버 / 지식백과 / 편집

군의 왕통을 구성한 키시족의 후예로 고대의 고조선은 연맹체국가로
여러 키시족의 연맹체장이 서로 번갈아가며 왕통을 이어 내려오고
있었기 때문에 기씨라는 성으로 일반화한 것이다. 이것은 후에 한반
도 내에서 신라가 박씨(우르), 김씨(키시), 석씨(이리두)의 삼성이 성
골로 지배계급을 형성하여 번갈아가며 왕권을 유지한 것도 같은 맥
락이다.

《사기》에는 "옛날 기자 이후에 조선후가 있었고, 주나라가 쇠퇴해
가자 연이 스스로 왕을 칭하고 동으로 공략을 하자 조선후도 스스로
왕을 칭하고 군사를 일으켜 연을 쳐서 주 왕실을 받들려 했는데, 대
부(大夫) 예(禮)가 간하므로 이를 중지하고 예를 파견하여 연을 설득
하니 연도 전쟁을 멈추고 조선을 침략하지 않았다."라는 기록이 있

다. 여기에서 그 당시 고조선은 춘추전국시대 연과 맞서는 대국이라는 것을 알 수 있으며, 더불어 자주 싸웠다는 것도 알 수 있다.

이와는 달리 기자가 정착한 조선은 고죽국으로 '고죽국(孤竹國)은 상족(商族)의 지파(支派)인 묵태씨(墨胎氏) 씨족(氏族)이 세운 나라로 초기에는 연산(燕山) 일대에서 유목생활을 하다가 요녕성(遼寧省) 조양(朝陽) 일대에 정착한 것으로 여겨진다. 그러다 상대(商代) 중기부터 점차 남하하여 하북성 당산(唐山) 일대에 자리 잡았다.' 1973년 요녕성 카좌현(喀左縣)의 구산(孤山)에서는 '고죽(孤竹)'이라는 명문(銘文)이 새겨진 상시대의 청동기가 발굴되어 고죽국의 지리적 위치를 확인할 수 있는 중요한 단서가 되었다. 여기에서는 '기후(箕侯)'라는 명문이 새겨진 청동기도 발굴되어 기자가 정착한 조선현으로 고죽국일 가능성이 크다.

《수서(隋書)》의 '배구전(裵矩傳)'에는 "고려는 본래 고죽국이다. 주(周)가 기자(箕子)를 봉하여 조선(朝鮮)으로 삼았다. 한(漢)이 이를 다시 나누어 세 군을 설치하여 낙랑, 현도, 대방이라 불렀다."고 기록되어 있다. 이를 근거로 상(商)이 멸망한 뒤 기자(箕子)가 정착한 곳이 고죽국이었을 것으로 보인다.

고죽국은 상이 멸망한 뒤에 수양산(首陽山)으로 들어가 굶어죽었다는 백이(伯夷), 숙제(叔齊)의 설화와 관련된 나라이기도 하다. 《사기(史記)》에는 백이와 숙제가 고죽국 군주(君主)의 아들들이라고 기록되어 있다.

한편, 《삼국유사(三國遺事)》에는 《수서(隋書)》'배구전(裵矩傳)'의 내용을 인용하면서 고죽국이 해주(海州)라고 기록되어 있는데, 이와 관련된 역사적인 근거는 분명하지 않다. 황해도(黃海道) 해주(海州)에도 중국 산시성(山西省)과 마찬가지로 수양산(首陽山)이 존재하는데, 그 때문에 나타난 전설이 기록된 것으로 추정되기도 한다.

주(周)가 건국된 뒤 고죽국은 주족(周族)에게 분봉되어 세운 연(燕)의 압박을 받으며 점차 요서 지역으로 세력이 위축되었다. 특히 서주(西周) 말기부터는 북쪽에서 산융(山戎)의 세력이 강해지면서, 그 영향 아래 놓이게 되었다. 산융은 남하하며 연을 압박하였고, 산둥성(山東省) 린쯔(臨淄)까지 내려가 제(齊)를 공격하기도 했다. 기원전 664년(周 惠王 13년) 산융이 연을 대규모로 침략해오자, 연(燕) 장공(莊公)은 제(齊)의 환공(桓公)에게 원병(援兵)을 요청했다. 제(齊)의 환공(桓公)은 산융(山戎)을 정벌하면서 고죽국을 공격해 멸망시켰다.

* [출처] 네이버 지식백과 / 고죽국(孤竹國) / (두산백과)

제2장

한국 고대사 편력

제2장
한국 고대사 편력

단군신화의 내용을 역사와 시대상황에 따라 구체화해서 한민족의 고대사를 재편성해 보면 우리 한민족은 유구한 역사를 가진 민족임을 알 수 있다. 특히 제1장에서 기술한 여러 가지 기록들을 통해 우리민족은 인류 최초의 문명인 메소포타미아에서 시작되어 그들이 동방으로 이주해와 새로운 문명을 이루어 우리 한민족의 뿌리를 이룬 것이다.

한민족 고대사의 시작은 환인이다. 환인시대는 최초 삼좌점에서 시작되어 적봉 지역의 토착 웅족과 결합하여 환웅시대가 되며, 그곳에서 배달국이 시작된다.

이후 배달에 속한 3족(우르, 키시, 이리두)이 분화하여 적봉에는 우르족이 중심이 된 배달국이 남고, 요하 지역으로는 키시가 내려가 단군신화의 내용과 같이 웅녀족과 결합하여 단군(고)조선을 세운다. 그리고 이리두는 황하 지역으로 내려가 화족을 지배하면서 하나라를 세워 고삼국이 시작된 것이다.

고삼국은 다시 변화하여 하나라는 상나라에게 멸망하고, 하나라의 잔류세력이 동쪽 태산과 산동반도 부근에서 동이(이리두)족으로 남는다. 그 후 동이족은 춘추전국시대에 제나라에 밀려 산동반도에서 한반도의 태안반도로 대거 이주한다. 이것이 중국이 우리 한민족을 동이족이라고 부르는 가장 큰 이유이다. 또한 동북쪽의 고죽국에는 이리두가 분화된 고리(高夷)족이 형성되어 후에 이 고리족은 주나라가 황하 지역을 점유하자 기자에서 조선현으로 양유하고 하가점으로 이주한다.

한반도에 이주한 동이족은 마한 54국을 세우고, 고리족은 적봉 지역의 하가점으로 들어가 그곳에 남아있는 우르족과 재결합하여 신한(산융)연맹을 세운다.

이 당시 요하 지역에는 기존의 번한(단군조선)연맹이 있었으며 이로써 한반도(마한)와 내몽골(신한) 요하 지역(번한)에 '1차 대륙삼한'이 형성된다.

여기서 다시 신한연맹은 BC 6세기경 서방에서 스키타이의 침입으로 하가점에서 사해, 흥륭와 지역으로 이주하게 되고, 그곳에서 우르와 이리두의 진한(동호)연맹으로 재편된다. 이렇게 해서 형성된 것이 요하의 번한연맹과 한반도의 마한연맹이 합쳐져서 재편된 대륙삼한이다.

이후 진한(동호)연맹은 흉노의 묵돌에게 멸망하여 일부는 오환과 선비로 남고, 상당수는 북만주로 이주하여 부여(북우르)국을 세운다. 요하 지역에 있던 번한(고조선)연맹은 전국시대 말에 연나라의 진개에 의해 요하 지역을 빼앗기고 한반도로 위축되었다가 위만에게 나라를 찬탈당했으며, 결국에는 한나라에게 멸망하여 한반도 북부에 한사군이 설치된다.

이렇게 소멸된 대륙삼한은 한반도 내에 있던 마한을 중심으로 재편이 되는데, 번한(고조선)의 주민들이 김해 지역으로 들어와 변한(가야)연맹을 세우고, 진한(동호)은 경상도 지역으로 들어와 진한(신라)연맹을 세워 기존의 마한연맹과 공존하면서 새로이 한반도 내에 반도 삼한이 형성된다. 이후 이들과 북만주의 부여와의 재편을 통해 비로소 고구려(이리두), 백제(우르), 신라(키시)의 삼국시대가 열린다.

이 책에서는 삼국시대 이후의 역사는 기록이 잘 남아 있으므로 더 이상의 기술은 생략한다.

1. 환인시대

1) 수메르문명과 환인의 탄생

* [출처] 네이버, 다음 / 지식백과 / 편집

환인시대는 그 근원을 인류 최초의 문명인 수메르문명에서 찾아야 하므로 수메르문명의 발생과 환인이 탄생하게 되는 배경을 분석해 본다.

고대의 원시 농경은 BC 7000년경의 티그리스와 유프라테스강의 발원지인 터키의 아나톨리아 고원지대에 거주하던 케이오누족에 의해 시작되었다. 이들은 고원지대에서 야생밀 재배방법을 터득한 후 메소포타미아 지역으로 이주하여 본격적인 농경을 시작하였고, 수메르문명을 일으켰다. 이들이 훗날 우리 한민족의 뿌리가 되는 수메르 사람들이다. 이들이 메소포타미아에서 이룩한 고대 수메르문명은 초기 금석병용기를 지나 우바이드와 우루크 문화(BC 3800년~BC 3100년)로 이어지고, 영역은 메소포타미아 지역에서 점차 팽창하고 발전하였다. 이후 청동의 야금술이 발달하면서 그 분포 범위도 수메르에서 지중해 연안까지 확대되었다. BC 3200년경에는 초기 그림(상형)문자가 사용되었으며, 우르, 키시, 에(이)리두 등의 다수 도시국가가 탄생하였다. 금석병용기를 지나 청동기로 접어들면서 가장 처음 발생한 문화는 젬데트 나스르(Jemdet-Nasr : BC 3100년 ~BC 2900년) 문화이다. 이후 다양한 도시국가들이 병립하는 초기 우르왕조(Ur : BC 2900년~BC 2334년)시대가 약 500여 년간 지속되었다. 이 초기 우르왕조의 후예가 환인을 탄생시킨 주체가 된다.

이러한 초기 우르(Ur)왕조시대의 우르는 메소포타미아 남부의 수도였으며 강을 끼고 있어서 농경 생산성이 높았다. 그래서 상당히 부유했고 높은 수준의 문명을 가지고 있었다. 더불어 건축, 미술, 공예에도 뛰어났으며 신전의 기단에서 발전된 지구라트는 직사각형 평면의 기단을 계단식으로 쌓아 올렸으며, 후에 바벨탑의 원형이 되었다. 우르에서는 순장이 행해졌으며, 왕릉에서는 무장한 병사나 가신들이 대열을 짓고 전차를 따르게 한 모습으로 정렬하여 죽어 있었다. 또한 왕비릉에도 많은 시녀가 정장을 하고 악기를 다루는 악사들과 함께 질서정연하게 줄을 이루어 죽어 있었다.

그들이 살고 있던 지역은 강 유역의 갈대가 많은 지역(갈대아 우르)에 위치하고 있기 때문에 외적으로부터 방위하기 좋고 농사짓기 좋은 비옥한 땅을 가질 수 있었다. 그러나 강의 범람 또는 홍수에 취약하여 길가메시와 같은 대홍수신화가 만들어진 요인도 되었다.

이와 같은 지역적인 조건 속에 살았던 수메르인들의 특징을 살펴보면 우리 한민족과 같이 머리가 검고 후두부가 편두형이며 신체가 비교적 작았다. 그리고 여자들은 머리에 짐을 이고 다녔으며, 농사에 소와 쟁기를 이용하였다. 그들의 언어도 한글과 같은 교착어를 사용했으며 학생들의 교육에 회초리를 사용하였고, 촌지(寸志)를 주고받았다. 더불어 태음력과 12를 기수로 하는 60진법을 사용했다.

이러한 점에서 본다면 그들의 주요한 특징 중 상당 부분이 지금의 우리 한민족과 상당히 유사하며 그 속에서 우리와의 연관성을 찾아볼 수 있다.

이렇듯 메소포타미아에 정착한 수메르인들은 우르를 중심으로 에덴의 동산이라고 불리울 정도로 1,500년 이상 평화와 풍요 속에서 살아왔다. 그러나 BC 2334년경에 활과 창을 무기로 하는 수렵부족 아카드의 사르곤이 북부 산악 지역에서 침입해 오면서 수메르의 도시국가들은 항복을 하거나 저항에 나섰다. 이들 중 저항에 나선 도시국가(우르, 키시, 이리두, 움마, 라가시, 니푸르)가 칸(환인)연맹을 결성한 국가이다. 이것이 한민족의 뿌리가 되는 환인의 탄생이다.

2) 메소포타미아문명과 도시국가

환인의 실체를 찾아보기 위해 메소포타미아문명과 도시국가를 살펴본다. 우선 우리는 문명의 시작을 청동기 사용에서 찾는다. 그것은 석기시대를 원시시대로 보고 청동기부터 국가의 성립시기로 보기 때문이다. 그리고 청동기문명은 메소포타미아의 수메르에서부터 시작한 것으로 보고 있다. 이러한 청동기문명의 시작은 우루크(Uruk)문화기에서와 같이 초기에는 석기와 병용하여 사용되었다. 이것을 금석병용기라고 하며, 수메르문명의 본격적인 성립시기라고 할 수 있다. 그리고 BC 3200년경에는 비로소 문자가 나타났으며, 도시국가들이 탄생하였다. 이후 다양한 도시국가들이 병립하는 초기 우르왕조시대가 약 500년간 지속되었다.

수메르문명을 일으킨 도시국가는 우루크(Uruk)를 비롯하여 우르(Ur), 키시(Kisi), 에리두(Eridu), 움마(Umma), 라가시(Ragasi), 니푸르(Nippur), 라르사(Larsa) 등이며, 이들 중에 우루크를 중심으로 초기의 도시국가가 생기고 차츰 메소포타미아 전 지역으로 확산되었다. 그 후 다수의 도시들은 서로 지역의 주도권을 차지하려고 각축전을 벌이면서 문명의 진화가 이루어졌고 BC 2900년 이후에는 우르가 수메르의 주도국이 되었다.

이들 도시국가는 농경문화의 특성을 갖는 다신교의 자연신 신앙을 추구했다. 그래서 하늘의 신 '아누(An)'를 중심으로 땅의 신 '키(Ki)'와 물의 신 '엔키(Enki)', 바람과 자연의 신인 '엔릴(Enlir)', 태양신 '우루(Uru)', 달의 신 '난나(Nanna)' 등을 섬겼다. 특히 이들 도시국가들은 각각 서로 다른 신을 섬겼으나 공통적으로 밤에는 달의 신 난나를 주신(主神)으로 섬겼다. 이와 같은 종교적인 성향은 오늘날 우리 한민족이 여러 가지 종교에 대해 편협하지 않고 범신론적인 성향을 갖는 것과 무관하지 않다. 그리고 난나는 '신(Sin)'이라는 별칭을 갖고 있으며 이것을 통해 단군신화에서 나오는 신시가 '달의 신의 도시'라는 의미를 유추할 수 있다. 그리고 신시의 성곽 형상이 달의 신의 전령사인 제비 형상으로 지은 이유도 설명된다.

우르는 도시의 명칭에서와 같이 주로 태양신 '우루'를 섬기며, '태양신의 도시'라는 별칭으로 태양과 같은 붉은색을 선호한다. 특히 우르는 태양신의 은총을 받은 '신단수'를 도시의 중앙제단에 키우며 신앙의 주체로 삼았다. 이것은 성서의 '금단의 열매'와 같은 의미를 가지고 있는 나무이며, 홍산에 와서는 신시의 신단수가 되고, 잉카문명에서 태양신의 도시인 마추픽추의 '인티와타(석비)'로 변형된다. 즉, 우르의 태양신 숭배 사상인 신단수(웅상나무)와 마추픽추의 바위산 위의 인티와타는 같은 의미에서 표출된 것으로 여겨진다.

키시는 '키'가 수메르 말로 '땅'이라는 뜻을 가지고 있어 '땅의 도시'라는 의미이다. 또한 키시는 주로 땅과 물을 주관하는 농경신인 엔키를 섬기고 물의 푸른색을 지향하는 도시국가이다. 여기서 키시의 '시'는 도시의 시(市)이다. 그래서 키시는 땅과 도시의 합성어가 된다. 더불어 엔키의 '엔'은 지배자라는 의미를 가지고 있다. 그래서 도시의 지배자인 제사장을 '엔시'라고 칭하기도 했다. 또한 수메르의 주신인 엔릴(일)에서와 같이 '모든 것(하나)의 지배자'라는 의미에서도 잘 나타나 있다. 이와 같이 키시의 주신인 엔키는 키시족이 홍산으로 이주한 후에도 '물의 신'으로 남아 바다에서는 용왕이 되고 강에서는 하백으로 표현된다.

에(이)리두는 최고의 신으로 자연과 바람의 신인 '엔릴'을 숭배하는 도시국가이며, 바람에 휘몰아치는 모래 폭풍의 색깔인 황색을 지향한다. 그리고 삼라만상의 모든 색을 합치면 검은색이 되듯이 검은색을 선호한다. 특히 엔릴은 바람의 신으로 풍백 그리고 풍산 출신이라는 태호 복희의 모태이며, 유목하는 유대인들은 유일신으로 엔릴을 '엘-엘림-야훼-여호아' 등으로 호칭을 변형하여 현대의 유대교의 바탕으로 삼은 것으로 보인다. 또한 엔릴은 이슬람교에서 '엘-알라'로 변칭되어 현재까지 종교적인 숭배의 대상으로 삼고 있다.

움마는 교육의 도시로 칭해지는데, 수메르 말로 '움마'는 교육자를 지칭한다. 이 움마는 현대의 우리말에서 엄마가 되어 지금도 사용되고 있으며, 엄마의 본뜻은 자녀를 훈육시키는 선생님의 의미를 가지고 있다. 그리고 현재 우리가 사용하는 엄마는 자녀들을 교육시키는 역할에서 만들어진 것이다. 또한 타밀어에서 엄마와 불교에서 '움마니반메훔'과 같이 관음보살을 지칭하는 명칭으로 사용되고 있다. 특히 불교의 해탈이라는 것이 종교적으로는 자기 수양을 통해 이루는 것과 같이 학문적 상승의 의미를 가지고 있으므로 움마의 정신적인 체계와 궤를 같이한다. 다시 말해서 불교는 인도로 들어간 움마의 정신 체계가 석가모니에 의해 종교적으로 구현된 것으로 여겨진다.

라가시는 향락의 도시로, 소위 '매춘의 도시'이다. 라가시의 '라가'는 수메르문명에 이어 이룩한 인도의 고대문명에서 산스크리트어로 된 민속음악을 '라가'라고 부르며, 우리는 '즐거울 낙(樂)'으로 쓰이고 있다. 이는 한사군의 낙랑군과 최리의 낙랑국에서도 나타나고 있으며, 낙랑이란 '라가시 사람'이라는 뜻이다. 또한 낙(樂)를 분석해 보면 糸白糸는 여성의 성기를 표현한 것이고, 木은 남성의 성기를 뜻한다. 이것을 종합하면 樂자는 성행위를 뜻하는 상형문자에서 나온 것임을 알 수 있다. 이러한 점에서 본다면 라가시는 향락의 도시임도 알 수 있다. 특히 라가시는 성서에서 말하는 향락의 도시 소돔의 원형일 가능성이 크다. 소돔은 우리말로 '소두엄', 즉 '소똥 모아놓은

수메르 도시국가들

곳'이라는 의미로 종교적으로 건실한 갈대아 우르 사람인 아브라함의 눈에는 더럽고 추악한 도시라는 의미로 소두엄이라고 명명했을 가능성이 높다.

또한 이런 향락주의가 인도에서 '카마슈트라'라는 종교의 모태가 되었을 가능성이 크다. 특히 라가시는 아카드의 사르곤에게 정복당하기 직전에 수메르의 지배도시이며, 라가시의 방탕과 향락주의가 수메르문명을 셈족에게 멸망하도록 한 원인이 되어 우리 한민족을 동방으로 쫓겨나게 하는 원인을 제공한 것이다.

니푸르는 명칭 그대로 '너풀거리다.'라는 말과 같이 '불의 도시'라는 의미이다. 이는 고대수메르에서 불의 원료가 되는 원유가 주로 생산되었던 도시로 여겨지며 이곳에서 석유를 연료로 청동기문명에 필요한 여러 가지 구리용융 및 구운 벽돌을 생산했던 곳으로 여겨진다. 이는 후에 인도로 쫓겨 가서 인더스문명을 세울 때 불을 숭배하는 조로아스터(배화)교의 근원이 되었으며, 인더스문명이 인도 아리안족의 시바에게 정복당할 때 히말라야 산악지대로 도피하여 세운 국가인 네팔도 같은 명칭에서 근원한 것으로 여겨진다.

3) 칸연맹의 결성과 환인의 탄생

BC 2340년경에 티그리스강 북부의 산악 지역에서 수렵부족인 셈계열의 아카드(Akkad)인이 침공해 들어 왔다. 그들은 수렵, 채집으로 곤궁하게 살던 종족으로, 사냥에 쓰는 활과 창이 주요한 무기였다. 당시의 수메르인들은 오랜 평화로 인해 나태해져 있었으며 농경족의 특성상 무기는 칼과 몽둥이 그리고 농기구뿐이었다. 그리고 군사조직도 전쟁을 수행하는 역할보다 치안 등에 치중하는 형편이어서 활을 무기로 하는 아카드인을 상대할 수는 없었다. 그래서 그들의 저항은 무위로 끝나고 아카드의 사르곤 1세에 의해 쉽게 정복당했다. 그 후 사르곤은 활로 무장한 강력한 군대를 이용하여 페르시아만에서 지중해에 이르는 방대한 지역을 지배하며 중앙집권제를 확립하고 아카드제국(Akkadian Empire, BC 2334년~BC 2193년)을 수립하였다.

이 과정에서 사르곤 1세에게 메소포타미아 지역에서 쫓겨난 수메르인들은 우르를 중심으로 키시, 이리두, 움마, 라가시, 니프루 등의 여러 국가들이다. 이들은 티그리스강 동쪽의 초원지대에서 연합하여 '칸(Khan)연맹'을 결성한다. 그리고 정복자인 사르곤에게 다시 또 저항을 시도한 것으로 보인다. 그러나 전투기술 및 무기 등에서 열세인 칸연맹은 또다시 패하여 더욱 멀리 동쪽으로 밀려난다. 그리고 결국에는 사방으로 흩어지는 운명을 맞게 된다.

4) 칸(환인)연맹의 분화

티그리스강 동쪽의 초원지대에서 결성된 칸(환인)연맹은 BC 2334년경 사르곤의 강력한 공격을 받고 패하여 다시 사방으로 흩어지는 운명을 맞게 된다.

이들 수메르의 칸(환인)연맹의 일부는 그 후에도 계속 연맹체를 유지한다. 그중에서 3족인 우르, 키시, 이리두가 동방으로 이동하여 내몽골의 홍산 지역으로 들어간다. 그리고 움마, 라가시, 니푸르의 3족은 동남향으로 이동하여 인더스강으로 진출, 인더스문명을 이룬다.

또한 우르의 일부는 서쪽으로 이동하여 지중해를 건너 크레타섬으로 들어가 미노아문명을 세우고 그리스 신화 속의 미노타우르스(미노아+우르)로 남는다. 그리고 일부는 가나안으로 들어가 유대민족의 조상이 된다.

이들 중 홍산으로 들어온 칸연맹 부족들이 우리 한민족의 조상으로 환인연맹이 되며, 그들의 흔적은 단군신화 속에 남아있다. 이 환인연맹 3족(우르, 키시, 이리두)에 대한 흔적은 역사 속에서 지명과 국명에 고스란히 남아있다. 그리고 각각을 통해 우리는 고대역사를 유추할 수 있다. 예를 들면, 우선 우르는 우리말의 '우리' 혹은 '울'에서 찾아 볼 수 있으며 한자음으로 '여(餘, 麗)'자가 되어 부여(북우르의 한자식 표현), 신려, 졸본부여, 동부여, 고구려, 남부여, 서울, 울산, 울진, 울릉도 등에 남아있다. 그리고 키시는 수메르 말로 '키'가 땅을 의미하며 이것이 '달 또는 양(陽, 壤)'으로 표현되어 아사달인 조양과 선양, 평양, 안양, 낙양, 심양 등으로 그 흔적이 남아있다. 또한 에리두는 '이리두'로 변음이 되어 고대 하나라의 수도인 짐심시 이리두현과 하나라가 멸망한 후에는 이(夷)족으로 줄여 동이, 견이, 고리(고구려)족 등에 남아 있다. 더불어 이리두는 그들이 신봉하는 하늘 신(아누 : An)의 이름을 따서 도시이름에 안(安)자를 붙여서 사용했다. 즉, 고죽국의 천안(遷安)과 고구려의 수도인 집안, 동이족의 활동지인 태산 주변의 태안 그리고 한반도에서 동이마한의 영역인 태안반도, 천안, 부안, 진안, 무안, 주안, 수안 등에 그 자취를 남겼다.

5) 환인시대

사르곤 1세에게 쫓겨 동방의 홍산에 도달한 환인(우르, 키시, 이리두) 3족 연맹은 적봉에 인접한 음하 중류의 삼좌점(三座店)에 정착했다. 여기서 삼좌점이란 지명은 우르, 키시, 이리두의 '삼족이 처음으로 자리를 잡은 곳'이라는 의미가 있다. 이때가 바로 단군신화에서의 환인시대이다. 그리고 초기 환인연맹 3족은 상당기간 토착 웅족과 심각한 갈등이 있었으며, 여러 차례 전투가 있었던 것으로 보인다. 특히 이러한 환인연맹의 존재에 대하여는 승려 안함(AD 578년~AD 640년)의《삼성기(三聖記)》상에서 "우리 환(칸)국이 가장 오래되었다(吾桓建國 最古)."라고 명시한 것으로 보아 신라시대까지도 환인연맹의 역사가 전해져 왔던 것으로 보인다.

삼좌점에 정착한 환인은 토착 웅족과 상당기간 전쟁을 벌였으며, 이러한 것은 석성의 구조에 잘 나타나 있다. 이후에 환인연맹 3족은 적봉 지역의 토착 웅족을 정복하고 본격적으로 환웅시대로 들어간다.

2. 환웅시대

1) 환웅시대와 신시

삼좌점에서 적봉 지역으로 이동한 환인연맹은 토착 웅족을 지배하면서 본격적으로 환웅시대를 연다. 그리고 그 시기는 BC 2200년경으로 이때부터 환웅연맹은 환인 3족(우르, 키시, 이리두)과 웅족이 결합한 4족 체계의 신시배달국으로 성장한다. 이것은 단군신화에서 환웅이 풍백(風伯), 우사(雨師), 운사(雲師)와 무리 3,000명을 거느리고 신시(神市)를 세웠다는 것으로 표현되어 있다. 즉, 환웅은 초기 삼좌점의 환인연맹에서 벗어나 적봉과 신시를 중심으로 독립된 국가를 세웠다는 의미가 된다. 여기서 환웅은 신시의 지배자이며, 신시는 달(月)신의 도시로 성자(城子 : 청쯔)산정에 위치한 성자산성이다.

2) 신시배달국의 시작과 문화

신시에 국가의 기틀을 세운 환웅은 본격적으로 각종 제도와 생활

규범들을 정비해 적봉 지역과 노합하 지역 통치에 들어간다. 이렇게 만든 국가가 '배달국'이며 우리 한민족의 근간이 되는 '배달의 민족'의 시작이다. 여기서 배달은 '밝은 땅'으로 홍산의 다른 표현이다.

이렇게 성립한 배달국은 중국 기록상 '하가점 하층문화'권에서 홍산 문화로 알려져 있다. 이곳에서는 다수의 석기시대 유물도 발견된다. 그러나 배달국의 성립 시기에는 이미 환인연맹이 수메르에서 청동기와 도기 등을 제작하는 기술을 가지고 왔으며 환웅시대로 전수되었다. 그래서 그들이 홍산으로 이주해 와서 만든 배달국은 환인의 청동기와 웅족의 신석기가 병용해서 사용되었다. 즉, 배달국시대는 이미 금석병용기시대가 된다. 또한 홍산 문화의 도기도 수메르에서 전수되어 상당한 수준에 도달해 있었으며, 그 종류는 진흙 홍도 및 협사회도(夾沙灰陶) 두 가지로 나눌 수 있다. 진흙으로 만들어 붓으로 그림을 그린 채도(채문 토기)는 취사나 식사 등에 사용되었고, 문양이 새겨진 협사회도는 음식을 담는 곳에 사용되었다. 다른 도기에서는 임산부를 본뜬 흉상이 각지에서 출토되고 있다. 특히 룽산 문화의 흑도는 상당히 세련된 조형미를 가진다. 또 후기 유석에서는 청동으로 만든 환도도 발견되고 있다.

홍산 문화의 분묘에서는 비취 등의 석재를 이용하여 동물 등의 형태로 조각한 장식품이 많이 출토되었다. 돼지, 호랑이, 새 외에도 용을 새긴 것도 발견되고 있다. 높은 공예의 수준이 홍산 문화의 큰 특징이 되고 있다. '저룡(猪龍)' 또는 '옥저룡(玉猪龍)'이나 '옥웅룡(玉熊龍)' 등으로 불리는 홍산 문화의 옥용(용을 조각한 구슬)의 조형은 단순하며, 용이 원형으로 된 것이 많지만, 후기로 가면서 반용(盤龍), 문용(紋龍) 등의 구별이 분명해진다. 고고학자 중에는 홍산 문화가 이후 중국에서 시작된 용 숭배의 근원이라는 주장이 있다. 주로 저룡(猪龍)이나 옥저룡(玉猪龍)이라고 명명하는 형태의 용을 본뜬 모양을 중국에서 시작된 용 숭배의 근원이라고 보고 있다.

홍산 문화에서 적석총(돌무지무덤)과 옥기가 발견되는 것을 근거로 하여, 홍산 문화가 적석총이 다수 발견되는 고조선, 고구려, 백제, 신라 등의 한민족(韓民族, 또는 동이족) 문화의 연원이라는 견해가 나오면서 대한민국(大韓民國) 역사에서의 이 지역에 대한 중요도가 커진다.

* [출처] 네이버 위키백과 / 홍산 문화 / 편집

3. 고삼국시대

고삼국시대는 동양문명의 시작이다. 그리고 그 중심에는 우리 한 민족이 있다. 즉, 수메르에서 이동해온 선도 문명의 이주자들이 환인 시대를 거쳐, 초기에 웅족과 결합한 환웅연맹 4족 체제를 갖추면서 시작된다.

이렇게 형성된 환웅연맹은 서로 통합, 발전하다가 또다시 분화된 다. 각각이 연맹체를 벗어나 자체 독립을 추구하면서 삼국체계를 갖

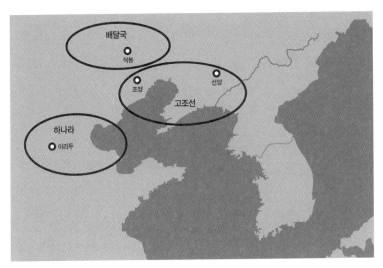

고삼국의 성립

추게 된다. 이후 이들 삼국은 서로 병행, 발전하는 단계에 들어가면서 각각의 국가들이 해당 지역의 지배권을 확보하고 독립성이 강하게 형성된다. 이렇게 형성된 시대가 고삼국시대이다. 즉, 초기의 환웅연맹을 구성한 4족 중 우르, 키시, 이리두의 3족은 BC 2100년경에 들어서면서 연맹체 내의 인구의 증가 및 각 종족간의 알력 등으로 인해 분열 요구가 증대되었다. 그래서 서로 각자 분할하여 홍산의 적봉에는 우르족이 웅족과 함께 신시 · 배달국(밝은나라)으로 남고, 요하에는 키시족이 웅녀족과 함께 단군조선(아침나라)을 세우고, 황하에는 이리두족이 화족을 지배하면서 하나라(더운 나라)를 세워 고삼국체계를 이루게 된 것이다.

그리고 고삼국의 주도세력이었던 배달국은 건국 이후 약 400~500년간 존속하다가 BC 1700년경에 단군신화에서와 같이 고조선에게 지배권을 넘겨주게 된다. 그리고 황하에 있는 이리두의 하나라는 BC 1600년경에 다시 상나라에게 멸망한다. 이로써 고삼국시대는 종말을 맞이한다. 하나라가 멸망할 당시 이리두의 한 갈래인 고리(高夷)족이 다시 하가점으로 이주하면서 '하가점상층문명기'를 맞는다. 이후 고리족은 홍산 지역에 흩어져 있던 우르의 잔존 세력과 웅족이 함께 연합하여 새로운 환연맹인 '신한(산융)'연맹을 세운다. 이 신한(新韓)연맹은 중국 기록상 산융이라고 야만족 취급을 받지만 엄연히 우리 한민족의 조상으로, 발달된 청동기문명을 가진 문명국이다. 그 후 산융의 일족인 견융(이)이 BC 770년경에 주나라를 공격해 동쪽의 낙읍으로 천도하게 하여 동주시대를 열게 한다. 그러나 BC 6세기경에 스키타이의 침입을 받은 산융은 내몽골 지역에서 만주 쪽으로 이동하면서 토착 웅족과 결별한다. 그리고 사해(査海)와 흥륭와(興隆蛙) 지역에 진한(동호)연맹을 세운다. 여기서 진한은 중국 문헌에는 동호로 기록되어 있다. 그러나 우리 기록으로는 진한(辰韓)연맹이다. 그리고 동호(東胡)는 동요하의 신려로 이주한 후 BC 3세기경에 신흥세력화한 흉노(匈奴 : 웅)의 묵돌선우에게 멸망한다. 그 후 얼마간의 혼란기를 거쳐 우르족은 당시 동만주에 살고 있던 토착 예족(濊族)을 병합하여 장춘 지역에서 부여(夫餘 : 북우르)를 건설한다. 여기서 예족이란 물길이 많은 지역의 토착민을 지칭한다. 이들은 후에 물길, 말갈, 여진 등으로 개명되면서 우리 한민족에 혼입된 만주족의 한 갈래이다. 이후 부여가 다시 동쪽으로 이동하여 봉천 지역에 만든 국가가 동부여(東夫餘 : 동북우르)이다.

우르가 중심이 되어 만든 신시배달국은 태양신의 국가로 붉은색과 장닭을 숭배했으며 신관 중심의 국가이다. 이들이 후에 산융, 동호, 부여, 동부여 그리고 한반도에 들어와서 온조의 백제와 박혁거세의 사로국을 거쳐 초기 신라로 발전하게 된다. 이러한 우르족의 이동 흔적은 동부여 이후에 아무르, 울산바위, 울진, 울산, 울릉도의 명칭에서 잘 나타나 있다. 그리고 신라의 수도인 서라벌도 '울산의 서쪽의 벌판'이라는 의미의 '서벌'에서 기인한 것으로 보이며, 초기에는 울산이 우르족의 중요한 거점이었던 것으로 여겨진다.

3.1 우르의 신시배달국(밝은 나라, BC 2200년~BC 1700년)

수메르에서 온 환인연맹은 삼좌점에서 상당기간 존속하다가 BC 2200년경에 환웅연맹을 세운다. 그리고 우르는 환웅시대의 지배세력으로 적봉을 산업과 행정의 중심도시로 하여 성자산정에 신시를 세우고 정치와 종교적인 제사를 수행하였다. 그리고 나라 이름을 밝은 땅인 박달로 하여 '배달국(倍達國)'으로 정한다. 그리고 삼국 분열 이후 요하에는 키시족이 웅녀족과 함께 단군조선(아침나라)을 세우고, 황하에는 이리두족이 화족을 지배하면서 하나라(더운 나라)를 세워 고삼국체계가 형성된다. 고삼국시대 초기에는 우르·배달국이 키시·고조선과 이리두·하나라에 대한 지배권을 유지하고 있었다. 이것이 역사 기록상 '하가점하층문명기'에 해당된다. 여기서 하가점

하층문명기에 대한 내용은 환웅시대의 신시배달국에서 언급한 바와 같다.

고삼국시대의 초기에 배달국은 주도국으로서 역할을 다했으나, 중국 기록상에 나타나는 '탁록대전' 이후에는 국력이 급격히 쇠퇴한 것으로 여겨지며 멸망의 단계로 들어간 것으로 보인다. 그리고 그 후 지역적 · 문화적인 주도권은 고조선으로 넘어갔다. 그리고 배달국의 국민 상당수는 동쪽으로 이동하였으며, 극단적으로는 아메리카까지 이주하여 마야 · 잉카문명의 원조가 된 것으로 보인다. 여기서 잉카문명과 배달국의 언관성은 아직까지 명확히 규명되지 않은 상태이며, 단지 필자의 소견임을 밝혀둔다.

배달국의 멸망에 대하여는 구체적으로 드러난 사실은 없다. 다만, 내몽골 지역의 급격한 기후변화로 농경이 불가능해지고 땅이 척박해진 것이 가장 큰 원인 중의 하나인 것으로 여겨진다. 그래서 이후 이 지역에서는 산융이나 흉노 그리고 선비와 같이 농경보다 유목 중심의 국가들이 건국되었다가 소멸되는 과정이 반복된다.

더불어 배달국의 멸망 원인 중의 하나라고 볼 수 있는 큰 사건은 BC 1800년경에 일어난 하나라와의 탁록대전이다. 이 전쟁은 배달국 14대 치우천왕과 하나라의 황제 헌원과의 10년간의 오랜 전쟁이다. 배달국은 이 전쟁을 치르면서 국토는 황폐해지고, 국가 재정은

파탄 나 멸망하기 전까지 상당한 어려움을 겪은 것으로 보인다. 그리고 배달국이 멸망한 후에는 백성 중의 상당수가 농사짓기 좋은 강이 많은 동쪽 요하 지역으로 이동한 것이 이곳을 더욱 황폐하게 만든 것 같다. 이로 인해 배달국은 해체되고, 그 주도권은 단군왕검의 키시 · 고조선으로 넘어간 것으로 보인다.

3.2 키시의 고조선(BC 2100년~BC 194년)

1) 고조선(아침나라)의 변천

적봉의 배달국에서 남쪽의 노노아호산을 넘어 우하량으로 내려온 환웅 3족 중 하나인 키시족은 우하량 지역에서 살고 있던 웅녀의 맥족(貊族)과 결합한다. 이 맥족이 단군조선의 신화 속에 나오는 웅녀의 곰 토템족이다. 그리고 키시족은 맥족과 함께 우하량을 성도(聖都)로 삼고 조양(朝陽 : 아사달)에 키시 · 고조선을 건국한다. 여기서 고조선을 키시 · 고조선이라고 하는 이유는 고조선을 세운 주체세력이 키시족이기 때문이다. 그러나 초기의 고조선은 우르의 신시배달국 지배 아래에서 종속적인 관계에 있었다. 그러나 배달국(치우)이 BC 1800년경에 이리두·하나라(황제 헌원)와 10년간 탁록대전을 벌이자 고조선(신농)은 중립적인 입장을 견지한다. 그 후 배달국은 하나라와의 전쟁으로 인해 상당한 국력 손실과 내몽골 지역의 급격한 기후 변화로 인해 급속히 쇠퇴하면서 멸망한다. 그래서 이 지역의 지배권은 조양(朝陽 : 아사달)의 단군조선으로 넘어가면서 본격적인 고조선시대가 개막된다. 이후 고조선은 약 1800년간 존속하다가 공신숙정의 난 때 연나라에서 망명해온 노관의 부하 위만에 의해 국가를 찬탈당해 위만조선이 된다.

키시의 고조선은 수도를 정할 때 '키'자를 사용한다. 즉, 수메르 말로 '키'는 땅을 의미하며 한자로 표현할 때 '양'이므로 도시 이름에 땅, 양(壤, 陽)자를 붙이는 경향이 있다. 그래서 그들의 도시는 조양, 선양, 평양 등의 양자가 붙어 있다. 그리고 그들이 섬기는 신은 '엔키'로 땅과 물을 지배하는 신이다. 그래서 고조선은 물의 푸른색을 지향하여 땅속의 정(精)인 푸른 옥을 선호한다. 그 때문에 자연스럽게 고조선의 강역에서는 옥 문화가 크게 발달하였다.

더불어 하나라에 뒤이어 황하로 내려간 키시족은 이리두의 하나라를 멸망시키고 상나라를 세운다. 이때의 상나라의 수도는 다른 키시의 국가들과 같이 도시 이름에 '양'이 들어간 '안양(安陽)'이다. 그리고 상나라가 멸망한 후에는 지배계층인 키시(기자)가 고죽국을 통해 고조선 연맹으로 유입되며, 이때 이주한 상나라의 키시족 중의 한 사람이 기자이다. 또한 우리나라 성씨 중에 김씨는 원래 '키임'에서 나왔으며, '키임'의 본뜻은 '키시족 사람'이라는 말의 함축어이다.

원래 키시의 국가는 행정중심의 국가로 문자와 문화적인 측면에서 발달되어 있었다. 그래서 고조선은 고삼국 중에 문화적으로 가장 발달된 국가이다. 특히 하나라의 뒤를 이은 상나라 때는 갑골문을 사용해서 한자를 만들었고, 그 한자를 현재까지 우리나라를 비롯해 중국, 일본 등이 사용하고 있다. 여기서 갑골문과 갑골점이 키시의 것이라고 주장하는 것은 키시가 엔키(땅과 물의 신 : 용왕)를 숭배하기 때문이다. 즉, 갑골점이 물의 상징(전령사)인 거북의 배딱지와 땅의 상징인 소의 어깨뼈를 통해 점을 쳤기 때문이다. 즉, 엔키가 갑골을 통해 미래에 대한 예언을 준다는 믿음이 갑골점을 탄생시킨 것이다. 그리고 갑골점의 점글(卜詞)로 사용된 갑골문자는 현재 사용하고 있는 한자의 원류가 되고 있다.

역사 속에 나타난 고조선은 단군신화에 따르면 아사달에서 백악산 아사달 그리고 장당경 아사달에서 아사달로 네 번에 거쳐 천도한 것으로 되어 있다. 이것을 기준으로 보면 조선(朝鮮)이라는 국명이 왜 생겼는지를 알 수 있는데, 즉 키시라는 의미의 '양'자가 들어간 조양과 선양이 합쳐진 명칭에서 조선이란 국명이 생겼음을 알 수 있다. 그리고 고조선은 여러 개의 도시형 국가로 이루어진 연맹체 국가라는 것을 미루어 짐작할 수 있다.

2) 고조선의 도시

(1) 우하량(아사달)

키시 · 고조선은 단군신화에서와 같이 성자산성(배달국)을 떠난 키시족이 우하량에서 맥(웅녀)족을 복속시키고 아사달에 도읍을 세우면서 시작되었다. 우리는 여기서 초기 아사달의 위치를 추정해 볼 수 있는데, 그 위치는 우하량 지역이 된다. 우하량은 신시배달국이 있었던 적봉 지역에서 남쪽 방향으로 노노아호산을 넘어 처음으로 접하는 양지 바른 땅이다. 그리고 현재 이 지역에서는 다량의 신석기와 청동기시대의 유물, 곰 토템의 모계사회에 존재하는 여신전이 발견되고 있다. 더불어 고대국가의 유물로 보이는 다수의 원형 및 사각형 제단(태백 : 금자탑)도 발견되고 있다. 이러한 점을 고려하면 이곳은 고조선의 성지(聖地)로 보이며, 역대 왕 혹은 지배자들의 능묘를 집단으로 모아놓은 장소로 여겨진다. 그래서 이곳의 지명이 능원(陵原)

인 것도 이와 무관하지 않다. 또한 이곳에서 웅녀(맥)족과 신시배달국의 환웅족 유적이 동시에 발견된 것으로 보아 초기의 아사달로 특정할 수 있다. 다만, 아사달의 의미가 조양이므로 초기 이곳의 명칭은 아사달이 아닌 다른 명칭으로 불리어졌을 가능성이 있다.

(2) 조양의 고조선

조양(朝陽)은 고조선의 백악산 아사달로 특정할 수 있다. 이러한 이유로는 주변이 백색으로 이루어진 바위산이 있어 백악이라는 명칭에 합당한 곳이며, 주변이 산으로 둘러싸여 있어 방어용 도읍지로도 적합하기 때문이다. 특히 조양이라는 명칭은 단군신화에서 고조선의 수도인 아사달로 특정할 수 있다. 여기서 조(朝)는 수메르 말로 '아사'이며 양(陽)은 땅, 즉 '달'을 의미한다. 이것은 우리 한국말의 영향을 받은 일본어의 〈조일(朝日)신문〉이 '아사히'로 읽히는 것과 같다. 우리가 알고 있는 평양은 넓은 땅으로 넓은(平)은 '아스'이므로 원칙상 '아스달'이 된다. 이러한 점에서 보면《삼국유사》에 나오는 평양이 아사달이라는 것은 후기 고조선의 수도로 정해지면서 왕검성이라는 의미로 불렸을 가능성이 크다.

단군신화에 따르면 상나라의 후예인 기자가 조선후에 봉해졌을 때 고조선은 백악산 아사달(조양)에서 장당경 아사달(선양)로 천도했다고 한다. 이것을 기준으로 하면 BC 1000년경에 조양에서 선양으로 수도를 이전한 것을 알 수 있다.

또한 조양은 후에 모용족이 세운 후연의 수도인 용성이 되었다가, 거란(카라키탄)의 중심도시인 영주로 변한다. 이러한 점에서 보면 후연이나 거란은 후대에 고조선 땅에 세운 국가임을 알 수 있다. 그리고 카라(가락)라는 명칭은 가야와 같은 국명이고 키탄은 키시의 땅이라는 뜻으로 거란이 고조선의 후예일 가능성이 크다. 다만, 역사 속에서는 거란이 발해·고려와 적대적인 관계에 있었기 때문에 이민족의 국가로 오인되고 있는 것 같다.

(3) 선양의 고조선

선양(鮮陽)은 우리말로 '셴달', 즉 신선한 땅이라는 의미이다. 장당경 아사달로 추정되며, 고조선의 또 다른 수도로 한때 이곳으로 천도를 했던 것으로 보인다. 그 이유로는 기자가 조선후로 봉해졌을 때 고조선은 동쪽 한반도로 영역을 확장하기 위해서이거나 전국시대에 연나라와의 잦은 전쟁으로 인해 고조선이 서요하의 조양에서 동요하의 선양으로 천도를 했을 가능성이 있기 때문이다. 그 후 전국시대 말에 연나라의 진개에 의해 요동 지역까지 침탈당하자 고조선은 한반도 내 평양으로 천도한 것으로 여겨진다.

고조선의 선양 지역으로 특정되는 심양은 후에 키시의 청나라가 세워지는 곳이다. 즉, 이곳은 고조선의 후예인 청나라의 키시(김씨)가 상나라와 고조선의 뒤를 이어 또 다시 중국을 지배하는 국가의 초석을 닦은 곳이기도 하다.

(4) 평양의 고조선

평양(平壤)의 고조선은 연나라의 진개가 요하지역의 고조선을 침입해 왔을 때 한반도로 이주하여 수도로 삼은 곳이다. 그래서 고조선은 조양, 선양, 평양의 3중심 도시의 체계를 갖게 되었던 것으로 볼 수 있다.

그 후 한나라가 진나라에 이어 중국을 재통일한 후 공신숙정의 난 때에는 연나라에서 귀화한 위만에게 국가를 찬탈 당한다. 그리고 다시 한무제에게 위만조선이 멸망한 후에는 이곳에 한사군이 설치된 곳이다. 특히 평양의 경우는 고조선 멸망 이후 황해도 수안 지역에 있던 이리두의 최씨 왕조가 점령한 낙랑국의 수도로도 간주되며, 최리왕 때 고구려의 대무신왕에게 멸망했다는 《삼국유사》의 기록이 있다. 이곳은 호동 왕자와 낙랑 공주의 애틋한 사랑이야기가 전해지는 곳이기도 하다. 또한 이곳은 장수왕 이후에 고구려의 남진정책에 따라 수도가 되었으며, AD 670년경에 고구려의 멸망과 함께한다.

3.3 이리두의 하(夏 : 더운)나라(BC 2100년~BC 1600년)

황하 지역으로 내려간 이리두는 신석기시대의 원시상태에 있던 지금 중국 민족의 선조라고 주장하는 화(華)족을 정벌하고 하(더운)나라를 세워 실질적인 지배를 시작한다. 이러한 이리두족의 지배는 하나라의 수도인 짐심시 이리두현에 그 흔적을 남겨 놓았다. 그리고 이리두는 하나라 멸망 이후 다시 이족(夷族)으로 줄여 표현된다. 즉, 우리 한민족의 한 갈래인 동이족이란 표현도 '동이리두(동쪽으로 간 이리두)'의 의미에서 나온 것이다.

초기의 하나라는 신시배달국의 지배를 받는 제후국이었다. 그러나 BC 1800년경 황제 헌원이 하나라의 독립을 쟁취하기 위해 배달국 14대 치우천왕과 10년간의 탁록에서 대전쟁을 벌였다. 그리고 전쟁 이후에도 하나라가 200년 이상 존속한 것으로 보아 전쟁은 하나라가 패하지 않은 것으로 보인다. 오히려 전쟁 이후 배달국이 급속히 쇠퇴한 것으로 보여 하나라의 승리 가능성도 점쳐진다. 여기서 하나라(이리두)는 '따뜻한 여름나라'라는 의미로 배달국(우르)이나 고조선(키시)보다 지정학적으로 따뜻한 곳이라는 의미를 가지고 만든 명칭인 것으로 보인다. 더불어 하나라가 이리두의 나라라는 것은 이리두가 엔릴을 숭배하는 국가로 황제 헌원이나 그의 후손인 진시황이 면류관을 쓴 것으로 보아도 알 수 있다. 여기서 면류관은 바람신인 엔릴의 상징으로 만든 왕관이며 고구려의 용사들이 머리에 깃털 장식을 한 것도 엔릴에 대한 신앙의 상징이다.

역사상 이리두족이 주축이 되어 만든 국가들은 주요 도시 이름에 안(安)자를 사용했다. 여기서 '안'은 수메르 말에 하늘 신(天神)을 뜻하는 '아느(Anu)'에서 나왔다. 그리고 반대로 도시의 이름에 '안'이라는 글자가 들어가는 경우는 대부분 이리두와 직접적인 관계가 있다고 볼 수 있다. 즉, 하나라의 초기 수도인 짐심시 이리두현과 동이족의 주요 활동 지역인 태산 주변의 태안 그리고 고죽국의 고성이 있는 천안과 고리족의 후예인 고구려의 수도가 집안인 것도 같은 맥락으로 볼 수 있다. 즉, 이리두는 자신의 존재를 안이라는 도시 명칭을 통해 나타냈으며, 이와 관계된 이름은 중국의 천안과 태안, 한반도의 태안반도, 천안, 주안, 수안, 부안, 무안, 진안 그리고 만주의 집안 등에서 찾아 볼 수 있다.

고삼국의 하나인 하나라는 황하를 중심으로 중국의 새로운 문명을 시작하고 발전하다가 BC 1600년경 걸왕 때 상나라의 탕왕에게 멸망한다. 특히 이리두의 하나라는 군사 중심의 군국주의 국가로 키시의 상나라에게 멸망한 후에는 사방으로 갈라져 동이(東夷), 고리(高夷) 등으로 나누어진다. 여기서 동이는 산동과 태산 주변의 태안(泰安)을 중심으로 활동하다가 BC 7세기경 주나라가 동주의 낙읍으로 천도한 이후에 제나라의 압박을 받아 한반도의 태안반도 쪽으로 이주하고 한반도 내의 마한연맹인 목지국과 진국을 세운다. 또 다른 일족인 고리는 BC 1600년경에 하나라가 멸망한 후 고죽국을 기자에게 양도하고 내몽골로 이동한다. 그리고 배달국이 붕괴된 후 무주공산이 된 홍산 주변의 하가점(夏家店)으로 들어간다. 그 후 기존의 우르·웅족과 재결합하여 신한연맹의 주축이 된다. 이것이 산융이며 하가점상층문명의 주체세력이다. 그 후 스키타이에게 밀려 만주 쪽으로 쫓겨 가서 다시 진한연맹의 동호국을 세운다. 이 동호국은 후에 고구려와 오환·선비족의 모태가 된다.

여기서 하가점이란 지명은 '하(夏)나라의 일족(家)이 점(店)한 곳'이라는 의미가 있다.

(1) 동이(이리두)족의 탄생과 이동

하나라의 멸망 이후에 이리두는 동이, 고리 등으로 갈라진다. 그중
태산 동쪽의 산동 지역으로 간 이리두의 한 분파가 동이(東夷)다. 여
기서 이(夷)는 활(弓)을 가진 큰(大)사람이라는 의미이다. 당시 이리
두족은 우르족이나 키시족보다 체격이 크고 활을 잘 쏘며 전투에 능
한 사람들이었다.

기록상 동이족은 중국 동북부지방과 한국과 일본에 분포한 종족을
중국인이 부르던 명칭이었다. 그리고 동이는 상나라 때 인방이라는
이족(夷族) 집단으로도 불려졌다. 그러나 한나라 이후에 쓴 사서에는
동이를 중국의 동부지방에서 활약한 동이와는 전혀 별개의 존재로
취급하기 시작했다. 그래서 중국인들은 변방의 종족을 동이(東夷),
서융(西戎), 남만(南蠻), 북적(北狄)이라고 불렀으며, 동이는 바로 동
쪽에 있던 야만족을 가리키는 말이 되었다.

그러나 동이는 원래 이리두의 하나라가 키시의 상나라에게 황하유
역의 지배권을 빼앗기면서 사방으로 흩어질 때 동쪽의 태산과 산동
지방에 정착한 이리두족의 한 일파이다. 이때 동이가 활동한 주요 도
시는 태안이다. 동이족은 BC 770년경 주나라가 신한(견융)연맹에
게 쫓겨 서주(호경)에서 동주(낙읍)로 이전 될 때. 제나라에 쫓겨 산

동 지역에서 한반도로 이주한다. 그리고 그들은 한반도 내에서 동이 마한연맹의 근간을 이룬다. 이들은 중국의 태안에서 산동반도를 거쳐 한반도의 중앙인 태안반도로 들어와 반도내륙으로 이동하고, 다시 천안삼거리에서 남북으로 갈라졌다. 그리고 일단은 남하하여 이리를 거쳐 부안, 진안, 무안으로 가고, 일단은 북진하여 발안, 주안을 거쳐 황해도의 수안에 정착한다. 그리고 이들은 각기 연맹체를 구성하고 한반도 내에 54개의 소국을 세운다. 이것이 우리의 역사 속에서는 마한연맹으로 한반도에 최초로 정착한 동이족의 일단이다. 이 때문에 《중국고사》에서 우리 한민족을 동이족이라고 부르는 것이

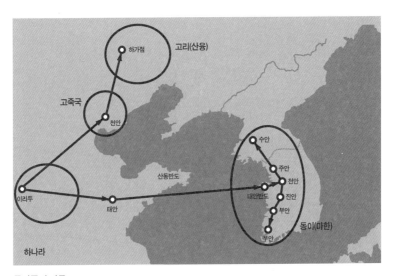

동이족의 이동

다. 이렇게 형성된 동이 마한은 근초고왕때 백제에 복속된다.

4. 키시의 상나라(BC 1600년~BC 1018년)와 기자조선

4.1 상나라

1) 상나라의 성립

상나라의 역사가 언제부터 시작했는가에 대한 기록은 명확하지 않다. 그래서 상나라의 시조에 대한 의견도 분분하다. 다만, 일부 기록에 의하면 전설상의 인물인 황제 헌원의 후손인 탕왕(湯王)이 상나라를 세웠다고 전해지는 것으로 보아 황제와 관계가 있는 것으로 보인다. 그러나 이것은 다분히 허위적인 요소가 많다. 왜냐하면 하나라의 황제는 이리두족이고, 상나라의 탕은 키시족이기 때문에 서로 다른 종족으로 보아야 하므로 탕이 황제의 후손이 될 수 없다. 그리고 탕왕은 하나라의 마지막 왕이자 폭군인 걸(桀)왕을 물리치고 상나라를 개국하였으므로 오히려 상호 적대적이라고 보아야 한다.

설화에 따르면 상나라를 건국한 탕왕은 상나라의 시조 '설'의 14대 후손이라고 한다. 또한 설은 하나라의 시조인 우를 도와 치수에 많은 공을 세웠다고 하며 설에 대한 난생설화가 전해진다. 그 내용을 살펴보면, 고대에 유융씨에게 간적과 건자라는 두 딸이 있었는데 어느 날 천제가 보낸 제비를 잡으려고 하자 제비가 옥 광주리 안에 알 두 개만 남겨 놓고 날아가 버렸다. 그래서 간적은 이 두 개의 알을 먹고 상나라의 시조인 설을 낳았다고 한다.

이러한 설화에서 중요한 두 가지의 내용을 알 수 있는데, 그 첫째는 제비라는 존재이고, 두 번째는 옥 광주리이다. 여기서 제비는 달의 신 난나의 전령사로 배달국에서 왔다는 의미이며, 옥 광주리의 옥은 키시족의 상징물이다. 즉, 상나라의 시조인 설은 배달국에서 온 키시족이라는 의미이다.

그 후 설은 우임금을 도와 치수공사에서 많은 공을 세웠으며, 그의 14대 후손이 상나라를 세운 탕왕이라고 한다. 후일 탕왕은 명재상 이윤의 도움으로 하나라의 걸왕을 몰아내고 상나라를 세우게 된다. 이때 수도를 상(商)이란 곳으로 정했기 때문에 국호를 상나라라고 전한다. 그러나 상나라의 수도는 안양이다. 여기서 안양은 양(땅)이라는 명칭의 도시이기에 상나라가 키시의 국가라는 것이 명백하다.

기록에 따르면 하나라의 멸망은 걸왕의 학정 때문이라고 한다. 그 때문에 제후들이 걸왕을 회피하고 명망 있는 탕을 따랐다고 한다. 그래서 걸왕은 탕을 하대에 유폐하여 죽이려 하였다. 그러나 재물에 욕심이 많은 걸왕은 재물을 받고 탕을 풀어 주었다고 한다. 그 후 탕은 걸왕을 명조에서 격파하고 하나라를 멸망시켜 상나라를 세웠다고 한다. 그리고 그는 13년간을 재위에 있었다. 이후 상나라는 무정 때 비로소 전성기를 맞아 주변의 종족들을 대거 복속시키고 국가의 영역을 크게 확대하였다. 그러나 왕조 말기의 왕인 제을과 제신 부자의 과도한 동방정책으로 동이족을 산동 지역으로 내몰았으나 상대적으로 서방 지역에 대한 영향력을 상실하였다. 그래서 이 틈을 탄 주나라가 서방의 부족을 모아 상나라를 공격해서 결국 멸망하고 말았다.

과거의 기록상 상나라는 전설상의 국가이다. 그러나 20세기 초에 은허(殷墟 : 안양)가 발굴되고 각종 고고학적 증거가 드러나면서 실재했던 국가임을 알게 되었다. 특히 동시대에 출토된 청동기나 갑골문자가 해독됨으로써 상나라 사회의 실체가 드러나기 시작했다. 이러한 키시의 상나라가 한창 발전할 때 우르의 배달국은 이미 지리멸렬한 상태에 있었다. 특히 배달국이 18대 환웅에서 멸망한 것으로 보아 상나라가 생기기 직전인 BC 1600년경에 배달국의 지배권은 고조선으로 넘어 간 것 같다. 그래서 홍산 지역의 하가점하층문명기는 종료가 되고 내몽골 지역은 황폐화가 된 상태로 남아있게 된 것이다. 그리고 그 당시 배달국에서 상당수의 유민이 황하의 하나라로 이주하여 정착하였으며, 그때 이주한 키시족과 그들의 지도자인 탕왕이 결국 하나라를 멸망시키고 상나라를 세운 것으로 여겨진다. 그래서 황하 지역에도 인접한 요하의 고조선과 같은 키시족의 상나라가 건국된 것이다. 이 당시 고조선과 상나라 간에 전쟁에 대한 기록이 전혀 없는 것으로 보아 상호간에는 돈독한 관계가 유지되었던 것 같다. 그리고 이들 간의 관계는 그 후 상나라가 멸망한 BC 1018년경까지 계속 이어진 것으로 보인다.

2) 상나라의 멸망

기록상 상나라는 주나라 시조인 무왕에 의해 멸망하였으며, 이 당시 상나라의 왕은 미희 달기와 함께 국민을 잔혹하게 다룬 30대 주왕(紂王)으로 알려져 있다. 상나라의 멸망에 대한 여러 가지 설화가 전해지나, 상나라를 멸망시킨 주나라의 본질은 철기와 전차를 가지고 BC 12세기경 동방으로 이주한 이란계 히타이트인이다. 그들은 중동 지역에서 황하 서쪽으로 이주해 와서 본래 그곳에 거주하던 이리두족을 파촉 지역으로 내몰고 국가를 건설한다. 그리고 후에 강태공을 중심으로 이리두족과 연합하여 당시까지 청동제 무기에 의존하던 상나라를 정복한 것이다.

상나라의 멸망 연대에 대하여는 여러 가지 설이 있다. 그러나 주나라 무왕이 상나라를 멸망시킨 연대는 중국 역사의 해당시기를 판단하는 데 중요한 요소이다. 만일 상나라의 멸망 연대가 잘못될 경우 그것을 기점으로 상나라와 주나라 역사는 모두 허위가 된다.

상나라의 멸망은 주나라의 무왕이 강태공과 연합하여 일으킨 반란의 결과이다. 여기서 강태공의 일화를 살펴보면 그는 BC 1140년 9월 12일에 태어났다고 하며, 키시의 상나라를 멸망시킨 인물로 염제 신농의 후손이라고 전해지고 있다. 그의 성은 강(姜)씨로 강태공의 본관은 천수 강씨이며, 이름은 상(尙)이다. 그는 주 문왕이 항시 꿈에서라도 바라던 인물이 비로소 나타났다 하여 태공망이라고 불린다. 다만, 여기서 강태공을 염제 신농의 후손이라는 것은 잘못된 오류이다. 왜냐하면 신농은 농경신(엔키)으로 키시족을 뜻하기 때문에 이리두족 출신의 강태공이 신농의 후손이 될 수 없다. 오히려 황제 헌원의 후손이 되는 것이 맞다. 이러한 강태공은 주나라 무왕을 도와 주나라를 건국한 일등공신으로 후에 제나라의 제후가 된다. 그리고 강태공의 후손들은 대대로 제나라를 다스렸으며, 이 시기에 중국의 고(高), 노(盧), 여(呂), 정(丁), 사(謝), 하(賀), 최(崔), 역(易)씨 등

수많은 성씨가 강태공의 자손으로부터 갈라져 나왔다고 한다. 그러나 이것은 이들 성씨가 이리두족의 대표적인 성씨로, 강태공을 이리두의 조상으로 섬기는 데서 나온 것이다. 현재 강태공의 후손은 한국의 진주 강씨와 중국의 천수 강씨라고 한다.

BC 1018년 겨울에 상나라 주왕의 방탕한 정치가 계속되어 천하가 어지러울 때 강태공은 4만 5천의 군사로 72만의 상나라군을 대파하였다고 한다. 그러나 이러한 멸망 연도에는 의문의 여지가 많다. 또한 중국 기록에는 그가 동이족(이리두)이라고 한다. 그리고 그 지역의 이리두족들은 후에 진나라를 세워 전국시대를 마감하고 다시 중국을 통일하는 역할을 한다.

4.2 기자조선과 고죽국(孤竹國)

* [출처] 다음 / 백과사전 / 편집

상나라가 멸망한 후 주나라에 의해 기자가 봉해진 곳으로도 알려져 있는 기자조선과 고죽국은 특별한 연관성을 가지고 있다. 여기서 고죽국은 상나라 때 제후국의 하나였다. 그리고 상나라가 멸망하고 주나라가 들어서자 고죽군의 아들인 백이와 숙제가 수양산에 들어가 충절을 지키다가 굶어죽은 전설이 내려오고 있는 곳이다.

수서(隋書)·구당서(舊唐書)·신당서(新唐書)의《배구전》에 "고리(高夷：고구려)는 본래 고죽국이다. 주나라가 기자를 봉하여 조선으로 삼았다."는 기록이 있다. 그러나《삼국유사》에는 고죽국을 황해도 해주로 비정했으나, 이는 고대 지명에 대한 이해 부족으로 만든 오류이다.

고죽국의 고성(故城)이 지금의 하북성 천안현(遷安縣)에 있었던 것으로 보이며, 특히 고죽성(孤竹城)의 위치가 '노룡현 남쪽'이라고 기록된 것을 보면, 그곳은 지금의 하북성 노룡현으로, 천안현과 땅을 접하고 있는 지역이다. 그리고 그 당시 고죽국의 강역은 하북성 난하의 서쪽 부근에서부터 대능하 일대까지를 포괄하는 지역이었다고 한다.

고죽국은 본래 상나라 때까지는 고리(이리두)족의 나라였으며, 그 수도는 '안'자가 들어간 천안(遷安)이다. 특히 고죽군의 아들인 백이(伯夷)는 이름 자체가 '이리두의 귀족'이라는 의미를 가지고 있는 것으로 보아 원래 고죽국은 고리족의 나라인 것이 명확하다. 이러한 고죽국은 상나라가 멸망할 때 이주해온 기자에게 왕위를 넘겨주어 기자조선으로 변한 것으로 보인다. 특히 고죽국이라는 국명에서도 고

(孤)는 고리에서 나온 명칭이며, 죽(竹)은 기자(箕子)의 이름에서 따온 것일 가능성이 크다. 즉, 고리족의 백이가 키시족의 상나라 후예인 기자에게 선양한 것이 국명에 남아 있는 것으로 보인다.

이 당시 기자조선은 고죽국으로, 요하의 조양과 선양에 위치한 고조선과는 별개의 조선이다. 그러나 후에 번한(고조서)연맹체의 일원이 된다. 그리고 이곳은 훗날 진개에 의해 연나라에 복속된 고조선의 영토이다.

5. 대륙삼한시대

고대에 형성된 고삼국시대는 배달국과 하나라가 각각 멸망하면서 종료가 된다. 이후 황하 지역에는 상나라가, 요하 지역에는 고조선이 지배하는 시대가 되어 동방의 대부분은 키시가 지배하는 고대사회가 된다.

그리고 BC 11세기경에 중국은 황하 지역에서 상나라가 멸망하고 주나라가 지배한다. 그래서 한민족의 한 갈래인 고리족은 하가점으로 이주하여 홍산 지역에서 우르와 신한(산융)연맹을 결성한다. 그리

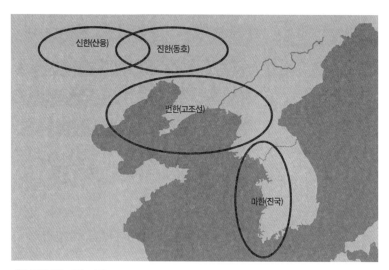

대륙삼한(마한, 진한, 번한)

고 후에 신한연맹은 스키타이에 밀려 사해 흥륭와 지역으로 이주하면서 진한(동호)연맹으로 재편된다. 그러나 황하 지역은 신한(산융 / 견융)연맹에 의해 서주가 멸망하고 동주시대가 된다. 동주시대 이후 동이족은 강력해진 동주의 제나라에 밀려 한반도로 이주하면서 마한연맹을 결성한다. 즉, 내몽골 하가점의 진한연맹과 한반도의 마한연맹 그리고 고삼국시대부터 요하 지역에 위치하고 있는 번한(고조선)연맹이 합쳐져 삼한연맹이 된다. 이것이 우리에게 잘 알려진 대륙삼한이다.

5.1 번한(고조선)연맹

1) 고조선의 변천

초기 요하의 고조선은 국력이 확장되면서 중국의 난하 지역으로 진출하여 고죽국까지 영역을 확대하기도 하였으나, BC 1400년경 황하 지역에 상나라가 세워진 후에는 요동 지역과 한반도로 진출한다.

이렇게 형성된 것이 우하량의 조양과 요하 중류의 선양 그리고 한반도 내의 평양이다. 당시 한반도는 현재의 지형과 달리 해안선이 내륙으로 깊이 들어와 있어서 평야지역은 많지 않았다. 그래서 고조선은 한반도 내에서 남측의 동이 마한 지역에 인접한 대동강 주변과 황해도의 평야지대까지 지배영역으로 삼았던 것 같다. 그러나 상나라가 멸망하고 기자가 이주해왔을 때 조양에서 선양으로 천도를 하였으며 또다시 연나라의 진개에 의해 요동 지역까지 점령당하면서 한반도로 이주하게 된다.

그래서 대동강가에 도읍을 새로 정해 평양(平壤 : 아스달)이라고 하였으며 이곳이 《삼국유사》에 기록된 한반도로 이주한 고조선의 수도이다. 여기서 '아스'는 넓고 평평하다는 의미를 가지고 있는 '평(平)'이며 맥시코의 '아스텍'문명의 '아스'도 동일한 뜻이다. 더불어 '아스텍'의 택(澤)이 연못을 뜻하고 아스와 합쳐서 '넓은 연못(平澤)'이라는 의미이다. 그리고 실제로 아스텍이 있던 곳은 지금의 멕시코 시티로 과거에 큰 연못의 한가운데에 위치해 있었다.

그리고 고조선(변한)은 위만조선을 거쳐 후에 한무제에게 멸망하였다. 그 후 고조선의 유민들이 한반도에 유입되어 남해 쪽에 변한을 세워 가야연맹이 된다. 또한 한반도 서남쪽에 있는 마한과 내몽골, 북만주에 있던 진한의 유민이 경주 지역으로 들어옴으로써 한반도 내에는 또다시 반도삼한이 성립된다. 이때 한반도로 들어 온 삼한은 북방의 고구려와 함께 삼국으로 변하고, 그들 국가의 시조(始祖)에 대한 탄생 이야기가 난생설화로 남아 있다.

보편적으로 국가 시조의 난생설화는 그들의 신분이 알을 깨고 나오듯 왕으로 신분 상승을 했다는 의미이며, 특히 왕족 출신이 아니면서 왕이 될 때 만들어지는 설화이다.

2) 연나라와 키시 · 고조선

전국시대의 연나라는 고조선과 인접해 있으면서 상호간의 영토분

쟁이 심했다. 그래서 초기 고조선은 통치 중심지였던 조양(백악산 아사달)에서 국경에서 멀리 떨어진 선양(장당경 아사달)으로 천도한다. 그러나 결국 전국시대 말에 연나라에 의해 요동 지역까지 침탈당한다.

이 당시 연나라가 고조선과의 전쟁을 통해 빼앗은 영토가 총 2천 리라고 기록된 것으로 보아 연나라와의 전쟁 과정에서 고조선은 상당한 피해를 받은 것으로 보인다. 이 과정에서 연나라에는 진개라는 장수가 있었다. 그는 전국시대 연나라 소왕 때 장군으로 BC 3세기 초에 동호에 볼모로 잡혀 있었다. 이때 진개는 동호와 고조선의 허실을 모두 정탐했고 연나라로 돌아가서, 다시 동호를 공격하여 1천여 리의 영토를 탈취했다. 그리고 인접한 고조선도 공격하여 2천여 리의 영토를 침탈하여 그 지역에 상곡, 어양, 우북평, 요서, 요동의 5개 군을 설치하였다고 한다. 여기서 나타나는 요서와 요동은 동요하를 중심으로 동쪽과 서쪽을 가리킨다.

이 당시 기록을 보면 연나라와 고조선 사이에는 최소 두 번의 전쟁이 있었던 것 같다. 여기서 1차 전쟁은 상호간의 화해로 끝이 났으며, 2차 전쟁은 진개의 공격으로 고조선이 심각한 타격을 받은 것 같다. 그리고 진개 이후에는 연나라와 고조선이 전쟁을 했다는 기록이 없으며, 얼마 후 연나라는 진나라에게 멸망하였다. 그리고 중국은 진나라에 의해 통일이 되어 고조선은 요하 지역의 주도권을 영원히 잃게 된다. 그러나 일설에 의하면 진개가 점령한 지역은 난하와 대능하 사이의 지역이라고도 한다. 이것은 중국 기록에 의한 것으로 한나라가 위만조선을 점령하고 만든 한사군의 위치가 주로 난하와 대능하 사이의 지역 이름을 사용했기 때문이다. 이 경우는 위만조선의 수도인 왕검성의 위치가 한반도 내의 평양이 아니고 조양일 가능성도 있다.

5.2 신한(산융)·진한(동호)연맹

1) 산융의 역사 (BC 14세기~BC 5세기)

(1) 산융(신한)의 성립

산융은 BC 1600년경에 하나라의 멸망과 함께 분열된 이리두족의 하나인 고리가 하가점 지역으로 다시 들어오면서 만들어진다. 고리는 그 지역에 있던 배달국 잔여세력인 우르와 웅족을 결합하여 새로운 연맹체를 만든다. 이것이 후에 주나라를 동쪽으로 몰아낸 산(견)융이며 신한(新韓)연맹이다. 이 당시 요하에는 키시의 고조선연맹인 번한(番韓)이 있고 산동반도를 통해 한반도로 이주한 동이의 마한(馬韓)연맹이 있어, 이들을 전 삼한 혹은 대륙삼한이라고 한다.

하가점 지역에 산융의 신한연맹이 결성되었을 때는 이미 이 지역에 농사를 짓기에는 너무 척박하였다. 그래서 신한연맹의 국가들은 주로 유목, 수렵 등의 산업을 영위하였으며, 이것을 일명 하가점상층문명이라고 한다.

신한연맹에서 고리는 원래 하나라에서 온 이주세력이다. 이들이 홍산으로 들어오면서 이곳을 '하나라가 점령한 곳'이라는 의미의 하가점으로 명명했다. 그리고 이곳에서 하가점상층문명를 이루어 번영한다. 이들이 중국 기록상 산융이 되어 그 중 고리족인 견융(이)이 BC 770년에 서주를 공격해 주나라를 동천하게 만든다. 그 후 BC 6세기경에는 중앙아시아에서 침범해온 스키타이에 밀려 동쪽의 사해와 흥륭와 지역으로 이동하게 된다. 그곳에서 그들은 다시 동호국을 건설한다. 이것이 진한연맹이다. 그 후 동호는 흉노에게 멸망한 후에 내몽골 각지로 분산한다. 그리고 그 중 일부 우르족은 다시 북만주로 이전하여 부여(북우르)가 된다. 그리고 부여는 동부여와 졸본부여 등으로 나뉘고, 후에 졸본부여는 고구려로 이어진다.

신한과 진한연맹이 이룩한 하가점상층문명에서는 고리족과 우르족의 전통에 따라 사슴, 개, 호랑이, 말, 소, 양 등 다양한 동물 청동장식들을 사용하는 것이 일반적이다. 그러나 후기에는 주나라의 영향을 받아 주나라 양식의 청동투구를 쓰기도 하고, 중국식 청동기들과 전차도 사용하였다. 또한 하가점상층문명의 일부 유적에서는 인신공양의 흔적이 발굴되었으며, 이러한 풍속은 상나라에서 온 것으로 추정되고 있다. 또한 하가점상층문명에서 최초로 비파형동검이 제작되었으며, 이는 주나라의 철제무기에 대응하기 위해 개발된 청동제 무기인 것으로 보인다. 이 당시 하가점 지역은 농·목축업이 병행, 발전하였으며 청동제 곡괭이가 사용되기도 하였다. 그들의 청동주조기술은 매우 발달하였으며, 무덤에서는 많은 청동제 무기와 공구들이 출토되었다.

중국 기록에 따르면 산융은 주나라의 북쪽 변경에 살면서 풀을 따라 소, 말, 양 등의 가축을 기르며 살아가는 야만 상태의 유목족이다. 그러나 이들은 이미 상당히 발달된 청동기문명을 가진 신시배달국의 후예로 우르, 이리두, 웅족이 결성한 연맹체 국가이다.

이와 같이 하가점상층문명은 초기 하나라에서 이주한 고리족을 중심으로 형성된 것이고, 후에 상나라가 주나라에 멸망하면서 다시 중원을 도모하려는 한민족의 후예들이 모여 만든 것이다. 즉, 하가점상층문명이 BC 12세기~BC 10세기경에 갑작스럽게 내몽골 지역에 등장하는 것처럼 보이는 것과 BC 770년경에 견융이 주나라를 공격하여 동쪽으로 몰아낼 수 있었던 것도 이 때문이다.

⑵ 스키타이의 침입

스키타이는 현재의 이란 지역과 크림반도를 중심으로 BC 9세기에 시작하여 BC 4세기경에 사르마티아에 흡수, 합병될 때까지 강력한 제국을 형성하여 동방으로 세력을 넓힌 종족이었다. 이들은 전투 중 대단히 용맹하며 말 타기 솜씨가 좋아서 다른 부족들의 경계 대상이었다. 또한 이들은 역사상 최초로 기마 전투기술을 터득한 민족이다. 이들은 초기 아시아에서 이동한 뒤 카프카스와 흑해 북부 평원을 점령하고 페르시아 서부에서 유대 땅을 지나 이집트 경계까지 영토를 넓혔다. 그러나 BC 6세기경 페르시아에게 밀려서 영토는 페르시아 경계 지역과 쿠반을 거쳐 러시아 남부로 축소되기도 하였다. 그러나 역사 속에서 스키타이가 중요한 것은 이들이 BC 6세기경 아시아권에서 영토를 확장할 때 아시아에 기마 전투기술을 전했으며, 유목족인 흉노(웅)족을 자극하여 흉노족이 세계적인 제국으로 클 수 있는 초석을 닦아준 것이다. 그리고 우리 한민족에게는 이들의 침입으로 인해 내몽골의 산융이 사해와 흥륭와로 이주하여 동호를 세우게 되는 요인이 되기도 하였다.

스키타이문명에서 지배계급은 황금과 귀중품들로 가득 찬 무덤들을 남겼다. 그들의 장례풍속은 매우 정교했는데 남자가 죽으면 그의 아내와 종 그리고 많은 말들을 함께 매장하는 순장제도가 시행되었다. 스키타이는 AD 2세기에 멸망했다.

2) 진한(동호)연맹의 역사

(1) 동호의 건국 (BC 5세기~BC 3세기)

동호의 건국은 산융의 동천 그리고 예(물길)족의 복속과 관련되어 있다.

동호는 BC 425년경에 산융이 재편되면서 성립되었고, 그 위치는 사해와 흥륭와 지역인 것으로 보인다. 즉, 동호(진한)는 산융(신한)이 스키타이의 침입을 받아 하가점에서 서요하 상류와 북만주 쪽으로 이동하면서 성립한다. 이 당시 신한연맹은 우르족과 고리족이 연합하여 이루어진 연맹체이다. 그리고 스키타이 침범 이후 내몽골의 웅족과 산서성의 견융(견이)이 분리되면서 진한연맹체의 국가로 재

탄생한다. 이것이 곧 중국 기록으로 남아 있는 동호이다. 이때 분리된 웅족은 뒤에 흉노가 되어 동호를 멸망시키고 북중국을 위협하는 세력으로 성장한다.

(2) 웅(흉노)족의 독립과 동호의 멸망

웅족은 원래 내몽골 지역의 토착부족으로 최초에 배달국의 일원이었다. 그 후 고삼국시대를 거치고 고리족이 하가점으로 돌아와 우르족과 재결합할 때 같이 참여하여 신한연맹(산융)을 구성했다. 그러나 BC 6세기경 스키타이에게 신한연맹이 와해되고 우르와 고리족이 동쪽으로 이동하여 진한연맹(동호)을 세울 때 분리가 된다. 이때 내몽골 지역에 남은 웅족은 스키타이로부터 전수받은 기마 전투기술을 발전시켜 강력한 유목부족으로 거듭난다. 이들이 중국 기록에 나타나는 흉노이다.

흉노는 BC 3세기 무렵부터 몽골 고원 지역에서 점차 세력을 확대하여 전성기에는 시베리아 남부와 북만주, 내몽골, 신장, 위구르 지역까지 지배했다. 이러한 흉노는 중국의 한나라와 군사적인 충돌을 자주하였으며, 한나라를 제압한 후에는 조공무역이나 결혼동맹을 맺는 등 복잡한 관계를 유지하였다.

초기 동호는 웅족과 함께 신한연맹체의 국가였으나 사해와 흥륭와 쪽으로 이동하고 진한연맹이 되면서 웅족과 결별했다. 그래서 중국 기록에 동호는 흉노의 동쪽에 살고 있는 모든 이민족을 총괄하는 이름이 된 것이다. 또한 기록상 이들은 전국시대에는 연나라에게 쫓겨 지금의 요하 상류인 사해와 흥륭와 지역으로 옮겨가서 유목과 수렵생활을 하며 살았다고 한다. 그러나 그것은 동호의 일부 연맹체 상황을 과장한 것이다. 그 후 동호는 전국시대 후기에 세력이 강대해져서 흉노족으로부터 땅과 족장 부인 그리고 명마 등을 빼앗기도 했다. 그러나 BC 3세기 말에 흉노족의 우두머리인 묵돌선우의 공격을 받고 패하여 부족연맹이 와해되었다. 멸망 이후 동호는 우르족과 고리(이리두)족으로 다시 분화, 오환산 일대로 흩어져 사는 동호족은 오환(이리두)족이라 부르고, 선비산 일대에 흩어져 사는 동호족은 선비(우르)족이라고 한다. 그리고 이들 중에 선비는 후에 중국으로 들어가 수나라와 당나라를 세운다. 동호가 흉노에게 멸망한 후에 북만주 쪽으로 이동한 이리두족은 고씨들을 중심으로 하는 고리족의 부족연맹을 결성하고, 우르족은 해모수를 중심으로 부여(북우르)를 건국한다. 여기서 고씨의 고리족은 부여를 거쳐 후에 졸본부여(우르)와 연합하여 고주몽을 중심으로 하는 고구려를 건국한다.

5.3 마한(동이)연맹

BC 1600년경 황하 지역에서 이리두의 하나라가 멸망한 후에 사방으로 분산된다. 그 중에 동쪽으로 이동한 이리두족이 동이족이다. 이들은 산동과 태산 서쪽의 태안을 중심으로 세력을 키운다. 그러나 BC 1018년 주나라에게 상나라가 멸망하면서 그들도 주나라에 쫓겨 상당수는 더욱 동쪽 산동 지역으로 이동한다. 그리고 서주가 멸망하고 동주시대가 되면서 제나라의 압력으로 태안과 산동반도를 벗어나 한반도 내의 태안반도를 거쳐 반도 내륙으로 이동한다. 한반도로 이주한 동이족은 천안에 이르러서 두 갈래로 갈라진다. 이것이 천안삼거리의 유래이다. 그중에 한 무리는 발안을 거쳐 주안과 황해도 수안으로 북상하여 진국을 세웠으며, 다른 무리는 이리를 거쳐 부안, 진안, 변한 그리고 무안으로 남진하여 목지국을 세운다. 이것이 마한연맹이다. 여기서 마한의 '마'는 신이라는 의미의 뫼에서 나왔으며, 그당시의 한반도는 지금과 달리 해안선이 내륙으로 후퇴해 있었다. 그래서 평야가 그다지 넓지 않은 산악지대로 이루어져 있었다. 이 때문에 산지의 한(뫼한)연맹이라는 의미로 마한이란 명칭이 붙여진 것으로 보인다.

1) 동이의 진국(辰國)

초기 진국은 춘추·전국시대에 중국의 동쪽에 있었던 동이(이리 두)족이 전란을 피해 한반도의 태안반도로 건너오면서 성립되었다. 그리고 진국은 BC 8세기~BC 2세기경에 청동기 및 초기 철기문명을 바탕삼아 본격적으로 부족연맹을 결성하고 한반도 중북부인 주안과 수안 지역에 분포하였다. 이들은 초기 고조선과 공존하였으며 제정일치 사회로 세형동검을 사용한 것으로 보아 일찍이 상나라가 멸망한 시기에 이주한 집단일 가능성도 있다. 또한 진국은 삼한의 각 부족 국가에 명칭이 생기기 이전부터 있었으며 초기 진왕 세력하의 부족 연맹체 국가로 결성되었다. 이 당시 진국의 지배자는 각종 천신제사의식과 교역을 주관하는 동시에 행정과 군사를 겸하였다. 그리고 진국의 지배계급의 묘제는 석관묘와 석곽묘였으며, 경제적으로는 석제와 목제 농기구를 사용하여 벼와 함께 조, 기장, 수수 등의 잡곡을 경작하는 농업경제를 기반으로 하였다. 이러한 진국이 중국으로부터 금속문화를 받아들이기 위하여 한나라와 통교하고자 하였지만 위만조선이 방해하였다고 한다. 그러나 고조선이 멸망할 때는 준왕을 비롯한 다수의 고조선 유민들이 이주해 오면서 한반도 내에 삼한을 형성하는 변화를 갖게 된다.

2) 동이의 목지국(目支國)

목지국은 월지국이라고도 한다. 초기 철기시대 이래 충청남도와 전라남·북도 지역에서 형성되고 발전되어온 토착 정치집단과 이리두의 연맹체 국가이다. 이들은 후에 남하해온 부여(우르)족의 백제가 마한의 주도 세력으로 성장하기 전까지는 마한연맹체의 중심 세력이었다.

목지국의 위치는 한반도의 중남부 지역에서 청동기 유물이 비교적 풍부하게 발견되는 전라북도 익산(이리)과 금강 유역으로, 초기 동이족이 한반도에 정착할 때의 지역에 해당된다. 특히 이리는 이리두와 직접 관련된 도시로 목지국의 주체세력인 이리두족의 도시라는 의미도 된다. 이러한 목지국의 멸망 시기를 분명하게 알 수 있는 기록은 없다. 다만, 목지국의 쇠퇴는 백제의 성장에 그 원인이 있는 것으로 보인다. 특히 백제의 웅진 천도는 목지국 세력이 백제에 병합되는 과정을 보여 주는 것이다.

더불어 전라남도 화순 지역에서 발견된 팔주령은 8개의 방울이 달려있어, 이것으로 주역의 팔괘와 동일한 의미를 가지고 있다. 즉, 이 지역은 청동기시대 때 동이족이 거주하던 곳이라는 뜻이다. 이들은 팔주령을 통해 자연신인 엔릴(이리두의 신)에게 주술을 행하는 행위를 한 것으로 보인다. 그래서 팔주령의 존재를 통해 우리는 이곳이 이리두족 지역임을 알 수 있다. 여기서 팔주령은 팔괘의 천, 택, 화, 뢰, 풍, 수, 산, 지의 8가지 자연현상을 의미한다.

6. 부여(북우르)의 성립과 흥망(BC 239년~ ?)

1) 부여의 성립

흉노에게 멸망한 동호(진한)국에서 우르족 출신의 해모수가 BC 239년(?) 군사를 일으키니 주변국 제후들이 그를 따랐다고 한다. 여기서 해모수는 이름이 보여주듯이 우르족 출신이다. 즉, 해모수란 '해를 모시는 사람'이라는 의미로 태양신을 섬기는 우르족이다.

오늘날 부여가 처음으로 확인되는 사서는 《사기》에서이다. 《사기》에서 열전 화식편 오씨과(烏氏倮)조에 진시황 때 오씨현 상인 과(倮)와 거래하던 상인 가운데 부여 사람이 나온다. 그리고 《식화열전(食貨列傳)》에서 "연이 북으로 오환과 부여에 접한다."라고 기록하고 있다. 따라서 부여는 고조선이 기원전 108년에 망하기 이전, 적어도

기원전 3세기부터 존재했다는 것을 확인할 수 있다.

《삼국지》위지 동이전에서는 부여의 영역을 "(장성 이북의) 현도 북쪽 천 리에 있다. 남으로 고구려와 접하고, 동으로 읍루, 서로 선비, 북으로 약수(弱水)에 접한다."라고 적고 있다. 이에 따라 부여의 영토는 지금의 창춘시 이퉁강 유역을 중심으로 쑹양과 남쪽으로는 랴오닝성 지방, 북쪽으로는 헤이룽강(하얼빈)에 이르렀을 것으로 여겨진다.

《삼국사기》에는 부여의 역사가 해부루왕부터 등장하는데, 쑹양에서 재상 아란불의 꿈에 천제가 나타나 해부루왕을 가섭원으로 옮겨 가게 하고, 해모수가 천제의 아들이라 칭하며, 북부여(北夫餘)를 건국해 그 자리를 차지했다고 쓰여 있다.

《삼국유사》에는 해모수가 기원전 59년 북부여를 건국하였으며, 그에게는 첫 번째 아내로부터 얻은 해부루라는 아들과 하백의 딸 유화로부터 얻은 주몽이라는 아들이 있었다고 전한다.

신화적인 요소를 배제하고 본다면, 원래 부여가 있었고 거기서 독립해서 나온 집단이 동부여를 건국했다는 것, 그리고 북부여라는 명칭은 그와 상대되는 개념으로 원래 부여에 붙인 이름이라고 추정할 수 있다. 혹은 이때의 하얼빈 지역에서 해모수가 신진 집단으로 원래의 부여족을 몰아내고 그 자리를 차지하여 새로운 국가, 즉 북부여를 세웠다고도 볼 수 있다. 북부여의 유민들이 외세에 유린되는 부여를 탈출해 두막루를 세웠으나 오래 존속되지는 못했다고 전해진다.

이후 북부여는 왕실이 기존의 고구려 영토 내부로 편입되면서 명맥을 유지하였고, 494년 물길이 북부여를 압박하자 왕실이 고구려에 항복하면서 완전히 멸망하였다.

* [출처] 네이버 / 나무위키 / 지식in / 부여역사 / 편집

《환단고기》에 따르면 "해모수는 BC 238년 고열가 단군이 명령에 따르지 않고 국가 재정도 어려워 나라를 오가에게 맡기고 아사달산으로 들어가 수도하였다. BC 232년 해모수가 장당경(장춘)을 찾아가 오가들을 설득하여 오가연맹을 철폐하고 접수하였다. 해모수가 직접 북부여라 칭하지 않았지만 장당경의 북부인 난빈에 수도를 정하였으므로 북부여로 부르게 된 것이다. 난빈은 웅심산 아래에 있다. 웅심산은 대흥안령산맥에 있는 산이다. 대흥안령산맥의 동쪽에는 부여, 난빈, 상춘, 장당경이 위치한다. BC 108년에 위만조선이 한나라에 망하자 졸본 출신의 고두막한이 동명왕이라 칭하면서 의병을 일으켰다. 그리고 한나라 군사들을 물리친 후 서압록(지금의 요하)을 지나 구려하(대능하)까지 진격하였다. 그는 BC 86년에 자신을 천제자라 칭하면서 해부루 단군을 동부여(분릉, 가섭원)로 옮기

게 하고 난빈을 차지하여 북부여라 칭했다. 그 후 해부루를 동부여 제후(왕)로 삼고 북부여를 차지하였다."고 한다.

이와 같이 《환단고기》에는 부여의 역사를 살필 수 있는 중요한 내용이 담겨져 있다. 그러나 이 시기의 역사적인 고증은 명확하지 않아 《환단고기》 내용의 진위여부에 대해서는 논의의 여지가 많다. 그럼에도 불구하고 부여의 역사는 우리 한민족의 국통 맥을 이어주는 중심에 있어 앞으로 우리가 연구하고 바로 찾아야 할 우리 한민족의 소중한 역사이다.

2) 부여의 우르족이 한반도로 이주

부여의 멸망 시기는 정확하지 않지만, 이후 동부여가 건국하는 BC 87년과 밀접한 관계가 있는 것으로 보인다. 이때 부여가 멸망하면서 지배층인 우르족의 일부는 아무르(흑룡)강을 거쳐 한반도의 동쪽 해안선을 따라 남하한다. 그들은 지금의 속초 부근의 울산바위 근처에서 둘로 나누어지고, 그 중 한 갈래는 계속 남하하여 울진을 거쳐 울산의 태화강가에 도달한다. 이들이 후에 울산 서쪽의 벌판으로 이주하여 그곳이 서벌(서라벌)이 되고 신라의 근간이 된다.

그리고 울산바위에서 갈라진 다른 우르족 일단은 미시령을 넘어

소양강을 따라 이동하여 춘천의 중도에 이르고, 그곳에 우두국을 세운다. 여기서 우두국은 소머리국으로 수메르국의 변음이다. 그리고 그들이 다시 이동하여 북한강을 따라 내려가 양평에 이른다. 그 후 양평에서 다시 남하하여 하남 위례에 이르렀으며, 그곳에 한성 백제를 세운다, 이곳이 후에 백제가 탄생되는 근간이 된다.

3) 동부여(동북우르)의 역사(BC 87년 ~ AD 494년)

* [출처] 네이버 / 지식in / 부여역사 / 편집

해부루왕이 훈춘에서 동부여(東夫餘)로 나라를 옮긴 후, 그에 이어 금와왕, 대소왕이 차례로 왕위를 계승했고, 22년 대소왕이 고구려 대무신왕에게 죽자 동부여에 극심한 분열이 일어났다. 대소왕의 아우가 갈사국을 세워 떨어져 나가고, 그 사촌동생은 고구려에 항복해 동부여가 고구려에 복속되었다. 이는 《삼국사기》에 담긴 기록이다. 그러나 동부여가 완전히 고구려에 복속된 것은 아닐 것으로 추정된다. 그리고 고구려와 더불어 북방의 강국으로 군림하던 부여가 이때를 계기로 고구려에 그 지위를 넘겨준 것은 분명해 보인다.

121년 고구려가 후한과 충돌할 때 부여 왕자 위구태(尉仇台)가 현도성을 침공한 고구려의 군사를 공격하여 현도성을 구원한다. 중국의 《북사》와 《수서》는 능안에서 이를 오해해 구태가 백제의 시조인 것으로 기록해 시조 구태설이 생겨났는데, 이것은 《북사》와 《수서》의 오류이다.

167년에는 부여왕 부태가 후한 본토와의 직접 무역을 시도하는 과정에서 현도성과의 무역 마찰이 생겨 선비족과 고구려의 묵인 하에 현도성을 공격하기도 하였다. 2세기까지 번성하던 부여는 3세기 후반 북방의 유목민들이 중국 대륙으로 대거 남하할 때 이들로부터 많은 침략을 당해 급격히 쇠약해졌다. 285년의 선비족 모용씨(慕容氏)의 침공으로 인해 왕 의려가 죽고 수도가 점령당하는 등 국가적인 위기를 맞았으나, 옥저로 도피했던 그 다음 왕 의라가 서진의 도움으로 나라를 회복하였다. 346년 전연의 침공으로 인해 심한 타격을 입은 부여는 결국 고구려에 항복하여 그 왕실만을 이어갔다. 결국 410년 광개토왕의 침공을 받고 고구려에 완전히 병합되었다.

  * [출처] 구글 / 위키백과 / 동부여 / 편집

BC 79년 고주몽이 동부여 분릉에서 탄생하였으며, 해부루 왕가에서 자랐고, BC 77년에 해부루왕이 금와를 곤연에서 얻어 양자로 삼았으며, 고주몽은 동부여 왕실의 시기질투로 BC 59년 21세에 어머니 유화부인의 명을 받아 동부여를 탈출하여 졸본에 도착하였다.

이때는 동부여 해부루왕 때이다. BC 48년에 해부루왕이 죽고 금와가 왕이 되었으며, 금와는 여러 아들을 두었는데 장자인 대소가 왕위를 이었다. 동부여는 BC 86년부터 대소왕에 이른 AD 22년에 고구려의 대무신왕에게 망한다. 이후 동부여는 AD 68년에 서쪽의 연나부로 옮겼는데, 차츰 강해져 요동반도 서쪽까지 세력을 떨쳤고 AD 494년에 문자왕 때 다시 고구려에 복속되어 동부여는 없어졌다.

역사상 기록에 나타나는 부여왕 의라, 의려 등은 바로 고구려 연나부의 동부여 왕이 된다. 동부여는 북부여의 동쪽에 위치한 부여라는 말로서, 분릉은 난빈의 동쪽에 해당하고, 졸본은 분릉의 동남쪽에 해당한다.

이와 같이 동부여는 부여에서 나와 별도로 존재하다가 AD 494년에 고구려에게 복속된 것으로 기록되어 있다. 그러나 동부여의 존재는 고구려의 탄생과 맞물려 있어, 이 또한 우리 한민족의 뿌리를 찾는 데 중요한 근거가 된다. 다만, 동부여가 신라와 직접 관계가 있는 것으로 표현되어 있으나 신라의 건국 연대가 BC 57년으로 동부여와는 직접적인 관계가 없고 오히려 부여의 멸망과 관계가 있는 것으로 보인다. 즉, 신라를 세운 박혁거세는 북만주의 부여에서 온 이주민일 가능성이 크다.

4) 졸본부여의 역사

졸본부여(卒本夫餘)는《삼국사기》가 기록하는 고구려의 도읍지 명 칭이나,《삼국유사》에서는 도읍지를 졸본이라 칭하였다. 그리고 졸 본부여는 그 자리에 세워진 나라인 것처럼 기록하고 있다.《삼국사 기》'고구려본기'에서도, 졸본부여의 왕이 주몽을 사위로 삼아 그로 하여금 왕위를 계승하게 했다는 이설을 적어두고 있다. '백제본기'에 서는 위와 같은 내용이 아예 사실로 기록되어 있다. 여기에 덧붙여 《삼국사기》에서는 시조 비류설을 언급하면서, 졸본 지방의 유력자 연타취발이 주몽을 사위로 삼고, 주몽이 그 집안의 세력과 자신의 능 력을 기반으로 하여 그 지방의 다른 부족들을 제압하면서 고구려를 세우고 왕위에 올랐다고 말하고 있다.

이로 보아 졸본부여는 고구려의 전신 국가이거나 고구려의 별칭일 것이다. 그리고 이때의 졸본부여는 고주몽이 건국한 기원전 37년의 고구려 이전에 많은 문헌에서 등장하는 고구려일 가능성이 높다. 또 한 졸본부여라는 이름은 고구려가 부여계의 국가를 이어 건국했음을 알 수 있다.

* [출처] 네이버 / 지식in / 부여역사 / 편집

졸본부여는 부여의 역사를 뒤이은 국가로 부여에서 동부여가 떨어져 나가고, 졸본에서 부여의 뒤를 잇는다는 의미로 졸본부여라고 지어진 것 같다. 특히 졸본은 홀본에서 나온 말로 '혜성'이라는 의미를 가지고 있다. 여기서 혜성이라는 의미는 지역적으로 정착하지 않고 여기저기 떠도는 유랑부족이라는 뜻도 된다. 이러한 졸본부여는 해모수의 부여를 이은 국가로 훗날 고구려로 통합되는 과정을 거친다. 이 과정에서 고주몽의 설화는 시기적인 차이가 있는데도 고주몽이 해모수의 아들이라고 하는 이유도 설명이 된다. 이러한 졸본부여의 역사는 전해지는 사료가 적어 《환단고기》의 내용에 따른다.

"BC 60년 고두막 단군이 붕어하자 아들 고무서 단군은 졸본에 장사지내고 졸본을 수도로 삼았으며, BC 59년 동부여에서 졸본으로 도망해 온 고주몽을 둘째 딸 소서노의 신랑으로 삼아 사위로 삼았다. 고무서 단군이 BC 58년에 붕어하면서 고주몽에게 유언을 남겨 대통을 잇게 하니, 고주몽이 졸본을 수도로 삼고 단군이 되었다. 이리하여 고주몽의 졸본부여가 된 것이다. 이후 고주몽은 고구려를 건국한다. 고두막 단군은 졸본의 고두막한으로 의병을 일으켜 나라이름을 동명이라 칭하여 동명왕이 되어 한나라 군사들을 물리쳤고, 고주몽은 동명의 업을 이어 고구려를 열어 동명성제라 부른다."

이러한 《환단고기》의 내용에서 보면 고구려는 부여를 이은 직계

국가로 부여를 건국한 해모수가 고구려의 원시조가 된다. 그러나 해모수는 해를 뜻하는 이름에서 보듯 우르족인 점에 반해서, 고주몽은 고리(이리두)족으로 종족 자체가 다르기 때문에 직접적인 부자 관계가 성립되지 않는 것으로 보는 것이 맞다. 또한 동호가 흉노에게 BC 200년경에 멸망했기 때문에 해모수와 관련된 BC 239년은 부여의 건국 연대로 타당성이 적다. 왜냐하면 부여는 동호가 멸망한 이후에 동호에 속했던 우르족에 의해 북만주에 건국된 국가이기 때문이다. 이와 같은 관점에서 본다면 부여의 건국 연대는 BC 195년~BC 180년 사이일 것으로 짐작이 된다.

7. 키시 · 고조선의 멸망과 위만조선

1) 위만조선의 성립

고조선의 멸망은 한 고조의 공신숙정의 난과 관련이 있다. 즉, 공신숙정의 난 때 연(燕)왕 노관의 부하인 위만이 고조선으로 망명해 옴으로써 일어난 일이다. 이 사건은 한나라의 고조 유방이 천하를 통일한 후 친구 노관을 연왕에 봉했으나 공신숙정의 난으로 노관이 모반하고 흉노로 달아났기 때문에 일어났다. 이때 연나라의 장수 위만은 망명객 1,000여 명을 이끌고 고조선의 땅으로 망명해 왔다.

이 당시 고조선의 준왕은 위만의 망명을 받아주었으며, 이후에도 준왕은 위만을 신임하여 박사로 임명하였다. 그리고 100여 리 땅을 하사하고 고조선의 서쪽 변방을 지키게 하였다. 그러자 위만은 한나라의 유랑민들을 모아 자기 세력을 키웠다. 그 후 한나라가 고조선을 침공해오자 수도 방어를 구실로 군사를 이끌고 들어와 정변을 일으켰다. 그리고 준왕을 몰아내고 왕위를 찬탈하였으며 스스로 조선왕이라고 칭하였다. 이 당시 준왕은 남쪽으로 내려와 군산을 거쳐 목지국으로 망명하여 한(韓)왕이 되었으며, 그 후 청주(淸州) 한씨의 시조가 되었다.

위만이 고조선에 망명한 시기는 노관이 흉노로 망명한 BC 195년일 것으로 여겨지나, 그의 왕위 찬탈 연대는 분명하지 않다. 다만, BC 194년~BC 180년경에 해당될 것이다. 그리고 기록에 따르면 위만은 노관의 부하 장수로, 국적은 연나라 사람이라고 되어 있다. 그러나 위만이 망명할 때 조선옷을 입고 상투를 틀었으며 정변 후에도 국호를 계속 조선이라 한 점을 들어 위만은 본래 연나라에 거주한 조선족 계통의 인물일 가능성이 크다. 또한 노관이 흉노로 망명했음에도 그의 부하 장수로서 노관을 따라가지 않고 고조선으로 망명한 것도 조선족과의 연관성이 있었음을 미루어 짐작할 수 있다. 더불어 정권 찬탈 이후에도 고조선 내부에서 심각한 반발 없이 왕권이 원만하게 이양된 것도 이와 같은 사실을 반증해 준다.

위만이 왕위를 찬탈했을 당시는 중국 한나라의 국가체계가 아직 확립되지 못했으며 계속적인 흉노의 침입 때문에 위만조선에 대한 정책은 소극적이었다. 그래도 인접한 요동태수는 위만에게 한나라의 신하가 될 것을 요구했다. 그러나 적극적으로 강요하지는 않은 것 같다. 다만, 변방의 야만족들이 한나라의 변경을 침범하지 못하게 지켜주고 그들의 군장들이 황제를 입조할 때 막지 말라고 하였다. 그래서 위만은 그 대가로 한나라의 군사와 물자를 원조 받았다. 그리고 위만은 한나라에서 원조 받은 군사와 물자로써 진번과 임둔을 쳐서 조선의 지배하에 두었으며, 그렇게 취한 땅이 수 천리에 달했다고 한다.

2) 위만조선의 멸망

위만은 고조선의 왕위를 찬탈한 후에도 나라 이름을 계속 조선이라 했는데 고조선의 주민들도 적극적으로 반발하지 않았다. 이러한 점을 미루어 보면 위만의 집권이 고조선 내에서의 단순한 정권교체

로도 볼 수 있다. 그리고 위만조선은 한나라의 철기 문화를 적극적으로 받아들여 주변 지역을 활발히 정복하고 중개 무역으로 막대한 이익을 취했다. 그 후 위만조선은 세력이 커지면서 진국과 한나라와의 직접적인 교역을 가로막았다. 그래서 한무제는 흉노와의 전쟁에 방해가 될 것을 염려하여 섭하를 위만조선에 사신으로 보냈다. 그러나 그가 살해되자 그것을 빌미로 BC 109년에 대대적으로 침공을 하였다.

한나라와의 1년간의 전쟁 끝에 위만조선에서는 내분이 발생하였고, 이 과정에서 위만의 손자이며 마지막 왕인 우거왕이 살해되었다. 그리고 우거왕의 대신인 성기도 주살되면서 BC 108년에 왕검(평양)성이 함락되고 위만조선은 멸망하였다. 그리고 그 자리에 한사군이 설치되었다고 한다.

8. 삼국 기원과 난생설화

* [출처] 다음 / 백과사전 / 위키백과 / 편집

고대국가의 시원은 동서양을 막론하고 상당수의 국가가 난생설화를 이용하고 있다. 그리고 우리의 고대국가인 고구려, 신라, 가야는 그 시조가 난생인 것이 공통점이다. 이는 난생설화가 가지고 있는 의미도 중요하지만, 우리의 경우는 그것보다도 난생이라는 의미가 더욱 중요하다.

우선 난생이라는 것은 알에서 태어난다는 것이며, 이것은 기존의 질서나 틀을 깨고 새로운 탄생이 된다는 의미가 강하다. 즉, 알로 태어난다는 것은 기존 체계를 깨트리고 새로 국가를 만든다는 의미이다. 이러한 측면에서 고구려의 고주몽이나 신라의 박혁거세 그리고 가야의 김수로 모두 과거의 전통적인 왕조의 후손이 아니고 새로운 왕조를 세운 인물이라고 보는 것이 타당할 것이다. 또한 우리의 조상인 한민족은 태양신을 믿는 민족으로 태양과 아침을 깨우는 장닭의 토템적인 신앙을 가지고 있었다. 그래서 난생은 알이라는 관점에서 새롭게 일어난다는 뜻을 부여하고 있으므로 신분을 초월해 새로운 왕조의 시작이라는 것을 표현한 것이다. 이러한 관점에서 각각의 난생설화를 살펴본다.

1) 고주몽의 설화

고구려의 시조인 고주몽은 동명성왕으로 성이 고씨이며 추모 또는 중해라고도 하였다.

부여의 왕인 금와가 태백산 남쪽 우발수에서 한 여자를 발견하고 물으니 "나는 하백의 딸이며, 이름이 유화입니다. 동생들과 나가 노는데 한 남자가 자신을 천제의 아들 해모수라 하고 나를 웅심산 아래 압록수가의 집으로 꾀어서 사통하고 곧바로 가서는 돌아오지 않았습니다. 우리 부모는 내가 사통했다고 책망하며 우발수에서 귀양살이하게 하였습니다."라고 했다.

금와는 하도 이상하게 여겨 방 안에 가두어 두었으되 햇빛이 비추어 피했으나 햇빛이 또 쫓아와 비추었다. 그래서 임신을 해 알 하나를 낳았는데 그 크기가 다섯 되쯤 되었다.

이에 금와는 알을 버려서 개, 돼지에게 주었으나 모두 먹지 않았다. 또 길 가운데에 버렸으나 소나 말이 피하였다. 후에 들판에 버렸더니 새가 날개로 덮어 주었다. 금와는 알을 쪼개려고 하였으나 깨뜨리지 못하고 마침내 그 어머니에게 돌려주었다. 그 어머니가 물건으로 싸서 따뜻한 곳에 두었더니, 한 사내아이가 껍질을 깨고 나왔는데 골격과 외모가 빼어나고 기이하였다. 나이가 겨우 일곱 살이었을 때에 남달리 뛰어나 스스로 활과 화살을 만들어 쏘면 백발백중이었다. 부여의 속어에 '활 잘 쏘는 것'을 주몽이라고 하였으므로 이것으로 이름을 삼았다.

2) 박혁거세의 설화

신라의 시조인 박혁거세의 설화를 살펴보면, 옛날에 경주 땅에 6 촌장들이 살았다. 어느 날 그들 6촌장들은 자신들의 왕을 뽑으려고 하는데 하늘에서 말이 내려왔으며 그들에게 다가왔다. 그래서 6촌장 들이 말이 있는 곳으로 가보니 말은 알을 낳고 하늘로 다시 올라가버 렸다.

그래서 6촌장은 알을 거두어 잘 보호하였으며, 그 후 알이 부화되 자 알속에서 아기가 나왔다. 그 아기가 바로 경주 박씨의 시조인 박 혁거세이며 사로국(신라)의 초대 왕이 된다.

3) 김수로의 설화

가야연맹의 시조인 김수로의 설화를 살펴보면, 가야의 여러 촌장 들과 마을사람들이 모여서 구지봉 주위에 연회를 베풀고 있었다. 이 곳에서 촌장들은 자신들의 왕을 누굴 내세울까 의논 중이었다. 이때 갑자기 하늘에서 큰 소리가 났는데 '구지가'라는 노래를 부르면 "하 늘에서 무엇이 내려 올 것"이라고 말했다. 그래서 사람들은 봉우리 주위를 돌면서 구지가를 불렀으며 그때 하늘에서 궤짝이 내려왔다.

촌장들이 그 궤짝을 열어보니 그 안에 알들이 들어 있었다. 이때 먼저 알에서 부화한 아기가 있었는데 그 아기가 바로 김해 김씨 시조이며 가야연맹의 초대 왕인 김수로이다.

4) 석탈해의 설화

석탈해는 신라의 제4대 왕이며 석씨 왕조의 시조가 된다. 석탈해에 관한 신화의 내용을 요약하면 다음과 같다.

"남해왕 때에 아진포에 혁거세왕에게 해산물을 바치던 아진의선이라는 노파가 살고 있었는데, 어느 날 문득 바다에서 까치들이 떼를 지어 날며 우짖고 있음을 보았다. 이상히 여긴 노파가 살펴보았더니 거기에 배 한 척이 있었고 배 안에 큰 궤짝이 있었다.

궤짝을 열어젖히니, 그 속에 단정하게 생긴 한 사내아이와 그밖에 여러 가지 보물과 노비들이 들어 있었다. 그 사내아이를 7일 동안 보살펴 주자, 스스로 입을 열어 말하기를 "나는 본디 용성국(龍城國) 사람이다. 그 나라의 왕비에게서 알로 태어났으므로 버림을 받아 이곳에 닿았다."고 하였다.

그 아이는 말을 마치자 지팡이를 끌고 두 사람의 종과 더불어 토함산에 올라가 거기다 돌무덤을 파고 7일 동안 머물렀다. 그런 뒤에 산을 내려와 성 안을 살펴 살만한 곳을 물색하던 중 호공의 집에 다다랐다. 그는 호공의 집 곁에 남몰래 숫돌과 숯을 묻고서, 이튿날 아침 관가에다 그 집은 자신의 조상이 대대로 살았던 집이었는데 자신이 잠시 집을 비운 사이 호공이 들어와 차지한 것이라고 송사를 제기하였다.

그는 숫돌과 숯을 증거물로 제시하여 그 집을 차지하게 되고, 그 소문이 나자 남해왕은 이 사람(탈해)이 슬기로운 사람이라고 생각하여 그를 맏공주의 배필이 되게 하였다.

5) 김알지의 설화

김알지의 경우는 경주 김씨의 시조이나, 왕은 아니다. 다만, 그의 후손이 신라의 왕으로 설화의 주인공이 된다.

사로국의 4대 왕인 석탈해왕 9년 3월에 왕은 한밤중에 금성 서쪽 시림 숲속에서 닭이 우는 소리를 듣고, 날이 밝자 호공을 보내어 이를 살펴보도록 하였다.

이에 호공이 시림에 다다라 살펴보니, 금빛의 작은 궤짝이 나뭇가지에 달려 있으며 흰 닭이 그 아래서 울고 있었다. 이 사실을 듣고 왕은 궤짝을 가져오게 하여 열어 보니 조그마한 사내아이가 그 속에 들어 있었으며 용모가 기이하게 뛰어났다.

왕은 기뻐하며 하늘이 그에게 아들을 내려 보낸 것이라 하여 거두어 길렀다. 그 아이는 자라감에 따라 총명하고 지략이 뛰어났다. 이것은 마치 박혁거세의 옛일과 같으므로 그 말에 따라 '알지'라 이름을 지었는데, 알지는 곧 우리말의 어린애를 뜻한다. 그리고 금빛 궤짝에서 나옴을 연유로 하여 성을 김씨라 부르고, 처음 발견되었던 장소인 시림을 고쳐 계림이라 하고 이를 국호로 삼았다.

이렇게 전개되는 우리나라의 삼국 시조 설화는 일반적으로 설화 주인공의 출생 근원이 어디인가에 따라 몇 갈래로 나눌 수 있다. 단군신화와 같이 신들 간의 혼인에 의해 신격화되는 것은 그 주류가 다른 곳에서 이주해 왔다는 것을 상징적으로 알 수 있다. 또한 동명성왕, 박혁거세, 김수로 설화에서와 같이 알의 형상으로 태어난다는 난생설화는 새로운 신분으로 변화한다는 것을 뜻한다. 다만, 김알지 신화에서처럼 처음부터 인간의 모습으로 궤짝에서 태어난다는 것은 궤짝이 주는 의미를 잘 살펴야 한다. 즉, 궤짝은 배를 의미하며, 김알지는 동해 북부의 진한 지역에서 해안선을 따라 배를 타고 내려 왔다는 함축적인 의미를 가지고 있다. 이렇듯 시조 설화가 하늘의 뜻에 의한 새로운 시작임을 강조하며 만들어졌기 때문에 오히려 그 이전까지의 역사를 부정하는 효과를 주는 경우가 많다. 그래서 보다 정확한 역사를 알려고 한다면 설화가 가지고 있는 의미를 잘 살펴야 한다.

신화의 경우는 외부에서 이주해온 강력한 도래인들을 신격화하여 표현한다. 그렇기 때문에 대체적으로 신화의 세계로 나타나는 이야기는 정복자 혹은 도래인의 역사일 가능성이 크다. 그러나 난생설화의 경우는 알을 깨고 나온다는 의미에서 보면 자체 종족 내에서 신분상승을 의미하는 것이 일반적이다.

이러한 관점에서 각각의 설화를 다시 살펴보면, 우선 고구려의 고주몽은 추모 혹은 활을 잘 쏘는 사람의 의미를 갖고 있다. 그리고 고(高)라는 한자는 소뿔 달린 투구(古)를 쓰고 갑옷(冂)을 입은 장수의 형상이다. 이것으로 보아 그의 실제적인 신분은 장수(雲師)계급 출신으로 여러 가지 어려움을 통해 일국(高句麗)을 이룬 것으로 보인다.

또한 박혁거세의 경우는 박(朴)이라는 한자가 나무(木)와 점(卜)의 합친 글자로 보아 신관(風伯) 출신의 계급에서 촌장 협의에 의해 추대되어 사로국을 세운 것으로 여겨진다. 특히 여기서 나무(木)는 신단수를 의미한다. 이것은 신라 금관에서 정면의 출자형 문양이 신단수를 형상화한 것으로 같은 의미가 있기 때문이다.

김수로의 경우는 김(金)이 옥과 쇠를 다루는 야철장으로 그 당시의 가장 중요한 산업을 주도하고 있었던 행정관료(雨師) 출신으로 가야 연맹체의 맹주가 된 것을 상징적으로 알 수 있다. 이러한 것은 배달국의 지배계급인 신관(風伯), 행정관료(雨師), 장수(雲師)가 각각 반도 내 삼한의 통치계급으로 전환되는 과정에서 대의명분을 얻기 위해 난생설화가 도입되었을 가능성이 크다. 다만, 백제의 경우는 한반도 내의 마한을 정복한 부여족이 진한의 왕족 출신이라는 점에서 굳이 신화적인 설화가 필요 없다는 점과 비루나 온조가 고주몽과 연계되어 있어 난생설화가 성립되지 못한 것이다.

이러한 난생설화는 지금의 우리 역사에서 고대 상고사가 설화로 오인되게 하는 요인으로 작용한다. 그래서 마치 설화로 나타내는 시대 이상의 역사가 없이 중국에 복속된 지역의 역사처럼 오인하게 되는 큰 오류를 남기게 되었다. 다시 말해서 삼국의 기원이 난생설화에서 시작했기 때문에 그 이전의 실체적인 단군 역사가 마치 신화 속에서나 나오는 이야기처럼 변질해버린 것이다.

그러나 단군은 명백히 청동기문명을 가지고 도래한 우리 한민족의 역사이며, 그 기원은 수메르의 환인족과 토착 웅족 사이에서 이루어진 사실이며, 단순한 신화가 아닌 실제 우리 조상의 역사이다. 그 때문에 이제는 이것을 바로 고쳐야 한다. 그래서 이것을 바로 잡기 위해서는 난생설화의 근본적인 의미를 잘 되새겨서 그 안에 숨겨진 사실을 올바로 이해해야 한다.